지금-여기에서의
전이 분석

지금-여기에서의
전이 분석

Gregory P. Bauer 저

정남운 역

The analysis of the transference in the here and now

학지사

역자 서문

저자가 서문에서 밝힌 바와 같이, 이 책이 전이 분석의 무슨 새로운 이론이나 기법을 소개하고 있는 것은 아니다. 그러나 심리치료 실제에서 남용되거나 무시되기 쉬운 전이 분석의 여러 측면을 꼼꼼하게 조명하면서 그 내용을 잘 요약하고 있다. 조명의 초점은 내담자보다는 상담자에게 더 많이 집중되어 있다.

나는 이 책을 읽으면서 여러 내담자를 떠올렸고 나 자신에 대해서도 많이 생각하게 되었다. 이 책의 독자도 내담자를 만나 그의 이야기를 진지하게 경청한 경험이 있다면 아마도 그러리라고 생각한다. 그리고 조금 더 겸손해지고 더 많이 공부해야겠다고 생각할지도 모르겠다. 상담을 공부하는 대학원생이나 수련생들, 현장의 상담자들에게 이 책이 많은 도움을 주리라고 생각한다.

나를 인생의 동료로 초대하여 많은 것을 나누어 주고, 가르쳐 준 내담자들께 진심으로 감사드린다. 느린 역자를 인내심을 가지고 지원해 준 학지사의 편집부 김순호 님께도 감사드린다.

2006년 12월

정 남 운

저자 서문

예전에 Sandor Ferenczi는 혁신적인 치료 기법이라는 것들이 대부분 새로울 것이 없으며 임상가들이 이미 사용하고 있다고 말한 바 있다.[1] 이 책의 목적도 전이의 사용에 관해 어떤 새로운 것을 보여 주려는 것이 아니다. 다만, 지금–여기에서의 전이 분석에 내재된 어려움을 좀 더 밝게 조명하여 독자의 관심을 모으고자 하는 것이다. 지금–여기에서의 전이 분석은 이론적으로는 매우 중요한 취급을 받아도 임상 실제에서는 경시되는 경우가 자주 있다.

전이 자료를 다루는 지금–여기에서의 작업은 환자나 치료자 모두에게 강한 정서적 체험을 준다. 환자와 치료자는 이 과정에서 생기는 불안과 오해 때문에 이것을 들여다보려고 하지 않는다. 그러나 전이는 강력한 치료적 도구가 될 수 있으므로 그 효과적 개입에 방해가 되는 것들을 잘 알아야 한다.

Stevens Point, Wisconsin, 1993
Gregory P. Bauer

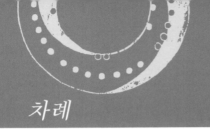

차례

전이 분석의 중요성 및 개관

01

전이 분석의 개관

전이는 정신분석에 가장 큰 장애물로 알려져 있지만, 만약 매 순간 전이의 존재를 알아차리고 환자에게 설명할 수만 있다면 정신분석의 가장 강력한 아군이 된다.

Sigmund Freud, 1905, p. 117

심리치료 과정에서 전이란 환자 자신의 내면화된 자기 및 타인 표상, 특히 초기 아동기의 대상 표상이 환자가 치료자에게 보이는 의식적 · 전의식적 반응에 영향을 끼치는 현상을 말한다. 일반적으로 전이 반응의 분석은 정신분석적 지식에 기반을 둔 기법의 핵심적 특징으로 알려져 있다. Freud는 전이 반응의 이해와 해석을 정신분석적 치료에서 치유를 가져오는 도구로 강조하였다.[1] Freud가 기술한 것처럼 전이는 억압되고 감춰진 갈등을 의식으로 떠오르게 해 주고, 그 갈등의 해결을 모색할 수 있는 자리를 마련하는 데 중심적인 역할을 한다.

전이 분석은 다음의 세 가지 관계 상황에 대한 해석적 초점을 포함한다.

(1) 과거 어린 시절의 관계
(2) 분석 당시 대상과의 현재 관계
(3) 환자와 치료자 사이의 지금-여기에서의 즉시적 관계

전통적 전이 해석은 과거를 재구성하고, 그것이 환자-치료자의

현재 관계에 어떻게 영향을 미치는가를 설명한다.

초기의 경향: 전이 신경증

전이 분석에 대한 초기의 정신역동적 경향은 심리적 갈등의 발생적 과정을 이해하고 재구성하는 데 강조점을 두었다. 심리치료란 현재 갈등의 심리적 기원을 과거에서 찾아내는 과정이었던 것이다. 그러므로 고전적 분석 기법에서 가장 중요한 성공의 도구로 여긴 전이 신경증을 최대한 발달시킬 수 있는 기법들이 사용되었다.[2] 전이 신경증은 유아기 신경증의 핵심적 갈등이 현재 상황에 재연된 것으로 간주되었다. 전이 신경증이 일단 형성되어 확인되면 고전적 분석가는 그것을 발생적 기원으로 환원시키는 작업을 한다. 이 과정은 우선 전이 및 이와 관련된 저항을 탐색하는 것에서 시작하여, 궁극적으로는 발생 기원적 해석, 회상과 재구성, 훈습 등을 통해 성취된다. "전이가 그 발생적 기원과 연결됨에 따라 환자에게는 치료자의 참된 정체성, 즉 치료자의 현실적인 정체성이 드러난다. 이에 따라 전이가 '해소'된 것으로 추측된다."[3]

Freud가 고안한 분석 상황의 산물인 전이 신경증은 카우치의 사용, 매일 이어지는 회기, 치료자의 익명성, 침범하지 않는 태도와 수동성, 절제와 자유연상의 규칙 등으로 촉진된다.[4] 이 접근법에서 치료자는 중립적이고 불투명하며 침범하지 않는 인물이고, 환자는 자신의 리비도적이고 공격적인 미해결 갈등을 그 인물에 투사하게 되어 결과적으로 갈등을 재구성하고 훈습할 수 있게 된다.[1] 발생 기원적 복원을 강조하는 퇴행적 전이관계의 발달은 환자의 자기 이해와 정체감을 심화하는 데 종종 효과적이기는 하지만, 치료를 상당한 정도로 장기화시키고 최적의 행동 변화를 가져오지 못한다는 비난을 받아 왔다.[5, 6, 7]

최근의 경향: 지금 그리고 여기

발생적 자료를 복원하는 데 초점을 두었던 초기 정신역동 작업에서는 치료자–환자의 관계를 과거의 억압된 자료에 접근하기 위한 수단으로 활용하였다. 그러나 최근에 와서는 치료 상황에서 나타나는 부적응적 대처 전략을 수정하기 위한 도구로 전이관계를 좀 더 적극적으로 활용하는 것에 관심이 증가하고 있다.[8, 9] 전이 활용에 대한 이러한 접근법을 '지금-여기에서의 전이 분석'이라고 한다.[10] 이 접근법은 환자와 치료자 사이의 지금-여기에서의 관계를 대인관계 갈등의 발생적 원인을 논의하기 위한 발판으로 사용하기보다는 그 갈등을 명료화하고, 탐색하고, 수정하기 위해서 활용하는 것을 강조한다. 또한 심리치료 상황을 치료자가 환자의 심리내적 과정을 분석하면서 일방적으로 환자에게 영향을 미치는 과정에서 두 사람 간의 관계 특성과 상호작용 양식을 함께 협력하며 탐색하는 과정으로 바꾸는 데 주력한다.

지금-여기에서 전이를 활용하려는 시도가 발달하게 된 중요한 계기 중 하나로 단기 심리치료 분야의 발전을 들 수 있다. 효과적인 단기치료 형태에 대한 관심과 요구는 꾸준히 증가되었다. Strupp과 Binder는 지금-여기에서의 상호작용에 초점을 맞추는 것이 단기 역동적 심리치료 기법의 결정적 요소라고 주장한다.[8] 또한 Bauer와 Kobos는 단기 역동적 심리치료의 발달에 기여한 주요 인물들(Davanloo, Malan, Sifneos 등)에 대한 개관에서, 그들의 기법에서 공통적으로 강조되는 핵심적 변화 요인으로 전이관계에 대한 해석과 그 훈습을 집중적으로 강조한 점을 꼽았다.[11] 이러한 강조는 역동적 치료에 대한 Davanloo의 묘사에도 반영되어 있다. 그는 현대 역동치료를 자유연상을 통해 마음의 내용을 분석하는 것으로 보기보다는 환자와 치료자 사이에서 일어나는 상호작용의 과정을 확인하고 이해하고 해결하려는 시도로 보았다.[12] 환자와 치료자 사이의 즉시적인 관계는 환자가 다른 사람들과 맺는 다양한 관계 양식을 이해하는 데 활용된다. 과거와 현재의 기능 면에서 유사하게 나타나는 행동 양식을 확인하는 것도 전이 해소에 중요하지만, 갈등을 일으키는 관계 양식을 수정하는 데 환자-치료자 관계를 활용하는 것이 더욱 중요하다. 즉, 환자와 치료자 사이의 즉시적 대인관계를 과거의 대인관계에 뿌리를 둔 부적응적인 대처 전략을 수정하는 데 활용하는 것이다.[13]

지금-여기에서의 작업의 정의

지금-여기에서 일어나는 전이를 다루는 작업에는 (1) 치료자에 대한 환자 자신의 반응을 살펴보는 것의 중요성을 환자가 느끼도록 하는 일, (2) 이런 반응 양식의 자기 패배적이고 부자연스러운 요소를 확인하는 일, (3) 치료자와 점점 더 유연하고 성숙한 상호작용을 하도록 돕는 일이 포함된다. 여기서 초점은 치료자에게 전치된, 고도로 조직화된 환상과 태도, 즉 전이 신경증을 체계적으로 유발하고 해석하는 것보다는 전이 반응 혹은 전이에 기반을 둔 행동 양식에 맞춰진다. 전이 반응은 퇴행적 전이 신경증과 동일한 연속선상에 놓여 있기는 하지만 그에 비해 덜 조직화되어 있고, 덜 강력하며, 덜 광범위하다.

지금-여기에 초점을 맞추는 접근은 전이 신경증을 의도적으로 촉진하여 퇴행적 유아기 갈등에 접근해 가는 것을 강조하지 않는다. 그보다 자기 패배적이고 부적응적인 특정한 관계 양식을 탐색하고 훈습하는 것을 더 강조한다. 치료자는 전이 신경증을 촉진하기 위해 절제의 원칙을 지키기보다, 환자-치료자 상호작용을 적극적으로 탐색함으로써 환자가 자신의 대인관계 양식이 어떻게 발달했고 유지되며 어떤 의미를 갖는지 이해하도록 돕는다.

안전감을 지켜 주고 불안감을 감소시켜 주었던 초기의 상호작용 양식은 새로운 관계에서도 계속 사용되는 경향이 있는데, 이는 종종 자신에게 해가 될 정도로 사용되기도 한다. 지금-여기에서의 전이 분석에서는 환자가 자신의 특징적인 상호작용 양식을 관찰하고 다시 생각해 보도록 돕는 것을 대단히 중요하게 여긴다. 치료자와 환자는 그들 사이에 어떤 일이 일어나며 그 상호작용이 현실적이고 성숙한 요구를 충족시키는 데 얼마나 효과적인지를 확인하는 작업을 한다. 상호작용에 문제가 있을 경우에는 갈등이 덜한 관계를 만들려고 노력한다. 이전에 학습한 태도, 예측, 대처 전략 등을 현재에 전치(전이)시키는 것이 현재의 관계를 얼마나 왜곡하고 대인관계 가능성을 얼마나 위축시키는지를 보도록 도와주는 일이 이 작업을 촉진한다. 그러나 환자의 대인관계를 탐색하기 위해 심리내적 작업(즉, 내적 갈등과 그것을 일으킨 심적 과정에 초점을 맞추는 일)을 배제하는 것은 아니다. 치료자는 두 사람 사이에 무슨 일이 일어났는지를 지적해 주어, 환자가 자신의 대인관계 양식을 인식하고 그 양식이 치료의 주요 관심사의 하나인 좀 더 사적인 심리 상태와 어떻게 관련되는지를 볼 수 있도록 도울 수 있다.[14]

지금-여기에서의 분석에 대한 저항

전이 반응을 지금-여기에서 적극적으로 활용하려는 시도는 새로운 것이 아니다. 이미 1925년에 Rank와 Ferenczi가 정신분석 기법에 관한 그들의 고전적인 저서에서, 지금-여기에서의 즉시적 관계를 환자의 발달사를 논의하기 위한 발판 정도로 사용할 것이 아니라 대인관계 갈등을 명료화하고, 탐색하고, 수정하는 데 활용할 것을 강조하였다.[15] 그들은 발생 기원적 통찰을 덜 강조하고 환자의 방어와 전이 반응에 초점을 맞추는 것이 정서적 즉시성과 감정과 행동의 적절성을 고조시킨다고 보았다. '저항의 분석'에 대한 Reich의 작업과 '교정적 정서 체험'에 대한 Alexander의 작업, 그리고 다른 초기 분석가들의 작업도 변화를 촉진하는 수단으로서 환자–치료자 상호작용에 주목하는 것이 중요하다고 강조한다.[16, 5] 대인관계 및 대상관계 이론가들(Sullivan, Racker, Kernberg 등) 역시 갈등적인 대인관계 전략이 치료관계 안에서 발전되고 재연되는 것을 주의 깊게 살펴보는 일이 얼마나 중요한지 한결같이 강조해 왔다.[17, 18, 19] Wachtel과 Schafer, 그리고 아마도 가장 중요한 인물인 Gill과 같은 다른 분석가들도 그들의 저술에서 이러한 접근을 지지하고 있다.[20, 21, 22]

Gill은 전이의 개념과 치료과정에서의 전이 활용에 이론적 관심이 집중되어 있는데도, 임상 실제에서는 전이가 제대로 강조되지 않는 경우가 많다고 주장한다.[22] 그는 전이의 분석이 기대만큼 적절하고 체계적이며 포괄적으로 사용되지 못하고 있다고 지적하면서, 대부분의 정신역동적 치료자들이 전이가 핵심적으로 중요하다고 동의하면서도 그것을 적용하는 것은 주저한다고 보았다.

"정신분석과 관련된 것들 가운데 각 분석가들이 환자와의 일상적인 작업에서 전이를 실제로 어떻게 활용하는지에 대해서는 거의 알려진 것이 없다"는 말도 있지만,[23] 학생들을 가르치고, 슈퍼비전을 하고, 동료들을 자문한 나의 경험에 비춰 볼 때 전이 자료를 지금-여기에서 적극적으로 활용하는 것은 정말 제대로 강조되지 않고 있다. 결국 이 때문에 환자가 변화하고 성장할 수 있는 기회를 놓치고 있다고 판단된다. 내 생각으로는 이론과 실제의 이런 차이는 환자뿐 아니라 치료자가 가지고 있는 저항에서 비롯된다.

이 책의 나머지 부분에서는 환자와 치료자가 전이관계에 초점을 맞추는 것에 저항하도록 만드는 여러 동기와 그 수단을 부각시키고자 한다. 이러한 저항들이 명료하게 밝혀지면 지금-여기에서의 작업의 원칙은 제대로 발전되고 적용될 수 있을 것이다.

지금-여기에서의
전이 분석의 중요성

02

전이라는 현상이 정신분석에 가장 큰 어려움을 가져다준다는 사
실은 재론의 여지가 없다. 그렇다고 환자의 숨겨지고 잊혀진 성
애적 충동을 현재에 드러나게 하는 데 전이가 더없이 중요한 역
할을 한다는 점을 잊어서는 안 된다. 왜냐하면 궁극적으로 무엇
인가를 없애기 위해서는 그 대상이 여기 없거나 단지 형상으로만
존재해서는 안 되기 때문이다.

Sigmund Freud, 1912a, p. 108

지금-여기에서의 전이 반응의 분석은 다음과 같은 방식으로 치료 효과를 촉진한다. (1) 지금-여기에서의 작업은 정서적으로 즉시적이며 체험에 밀착된 노력이므로 환자의 감정을 생산적으로 활성화한다. (2) 지금-여기의 전이관계는 환자의 전형적인 반응 및 상호작용 방식을 탐색하고 수정할 수 있도록 돕는 수단이 된다. (3) 지금-여기에서의 전이 반응에 대한 해석은 환자의 과거 생활에 대한 해석 혹은 전이 경험과 관계없는 현재 생활에 대한 해석에 비해 더 정확하고 강력하며, 상호 논의와 확인 과정에 더 많이 개방되어 있다.

지금-여기는 정서적으로 즉시적이다

변화를 가져오는 모든 해석은 정서적으로 '즉시적' 이어야 한다. 환자는 그것을 뭔가 실제적인 것으로 경험해야만 한다.

James Strachey, 1934, p. 150

우리는 학습자가 주의를 기울이고 감정을 느낄 때 최적의 학습이 일어난다는 것을 경험적 연구와 임상 경험을 통해 알고 있다. Luborsky와 그의 동료는 심리치료 과정의 모든 측정치 가운데서 환자의 체험 수준이 치료 성과를 가장 잘 예측한다는 사실을 발견하였다.[1] Orlinsky와 Howard도 높은 수준의 체험이 치료의 성공을 일관성 있게 예측한다는 결론을 내렸다.[2] Davanloo 또한 높은 수준의 정서적 개입과 성공적인 결과 사이에 정적 상관이 있음을 보고하였다.[3] 심리치료가 가장 효과적이기 위해서는 치료의 구조가 정서적으로 의미 있는 체험을 북돋는 것이어야 한다.

심리치료의 정신역동적 접근은 변화를 유도하고 성장을 촉진하는 과정에서 통찰에 지나치게 의존한다는 비판을 계속 받아 왔다. 비판자들은 통찰에 초점을 맞추면 추상적이고 주지적이며 체험과 동떨어진 접근이 될 위험이 있다고 보았다. 이렇게 통찰을 중시하는 입장은 최적 수준의 정서적 관여에 이르지 못하게 하여 치료 효과를 떨어뜨린다. 반면에 지금-여기에서의 전이를 다루는 작업은 최적 수준의 정서적 관여에 좀 더 가까워질 수 있는 기회를 제공한다. 이 작업은 감정적으로 즉시적이다. 치료 현장에서 드러나는 행동을 탐색하는 것은 치료 밖의 행동이나 사건을 묘사하는 것보다 정서적으로 더 강력한 효과가 있다.[4] Strupp은 정신역동적 치료의 변화 촉진 요인에 대해 논의하면서 환자에게는 현재의 사건들, 특히 강한 감정이 실린 환자-치료자 관계에서 일어나는 사건들만큼 생생하고 의미 있는 것은 없으며, 이 관계가 초기의 아동-부모 관계의 기본적이고 원초적인 요소를 되살린다고 보았다.[5] 나아가 그는 정신분석가뿐만 아니라 그 비판자들까지 치료적 행위가 어떤 토대에 기초를 두고 있는지에 대해 자주 오해한다고 보았다. Strupp에 따르면, 심리치료적 변화는 역사적 선행 사건들을 파헤치는 일이 아니라 환자−치료자 관계에 되살아나는, 역사적으로 의미 있는 대인관계 양식을 수정하는 일에 달려 있다. 그렇다고 지금−여기에서의 작업이 전이와 무관한 과거나 현재 생활의 중요성을 부인하는 것은 아니다. 다만, 치료적 상호작용의 힘과 효율성을 극대화하려는 것이다. 지금−여기에서의 작업은 치료적 힘의 저장고라고 할 수 있다.[6]

그러나 정서 경험의 수준이 높다고 해서 치료 결과가 항상 더 만족스러운 것은 아니다. 많다고 항상 좋은 것은 아니다. 지나치게 많거나 부족한 정서는 치료과정에 방해가 된다. 환자가 지나치게 편안해하거나, 갈등이 활성화되지 않거나, 방어를 너무 잘하고 있으면 아무 일도 일어나지 않는다. 반면에 환자가 지나치게 불안해하거나, 감정에 매몰되어 있거나, 현실의 상황이 너무 혼란스러우면 치료는 수렁에 빠지게 된다. 실제로 치료의 큰 부분은 치료자가 최적 수준의 치료적 긴장과 정서적 몰입을 찾고 유지하려는 시도를 중심으로 진행된다. 치료적 긴장의 최적 수준은 환자마다 다르다. 그것은 불안과 정서적인 충격을 견디면서 생산적인 기능을 유지할 수 있는 정도가 사람마다 다르기 때문이다.

지금-여기는 현재와 과거의 관계를 모두 반영한다

각각의 관계는 나머지 다른 관계를 반영한다. 우리가 어떤 사람들과 불신의 관계를 맺으면서 선택된 소수와 진실하고 애정 어린 관계를 맺을 수 있다는 것은······ 드문 일이다.

Irvin Yalom, 1980, p. 390

지금-여기에서의 작업의 근본적인 가정은 바람직한 치료적 환경이 일단 조성되면 환자의 문제와 갈등이 내포된 대처 전략들이 치료관계에 재연되어 그것의 탐색, 이해, 교정이 가능해진다는 것이다. 환자(그리고 많은 경우 초심 치료자)는 자신의 대인관계 문제가 치료에서도 반복되리라는 것을 선뜻 믿지 않을지도 모른다. 어쨌든 치료자는 환자의 주변 사람들과는 많이 다르고 이해심도 훨씬 더 많으며 민감하고 지각력 있는 사람이 아닌가. 그러나 시간이 지나면서 치료자가 지나치게 허용하거나 좌절하게 하지 않는 적정 수준의 중립성을 유지한다면, 또 지금-여기에서의 전이에 초점 맞추기를 격려하고 지속한다면, 치료적 관계는 빠르게 때로는 천천히 환자의 다른 관계의 측면을 닮아가기 시작한다. 과거와 현재의 관계에서 경험한 갈등이 치료자와 환자의 치료관계 속에도 생겨난다. 시간이 지나면 환자는 지금-여기에서의 초점을 통해 자신이 환자로서 치료자와 함께 작업하면서 경험하는 어려움들이 곧 다른 관계에서 부닥치는 어려움과 다르지 않다는 것을 알게 된다. 환자가 치료과정에서 자신의 저항 전략을 직면하게 되면, 대개는 과거와 현재의 관계에서도 그와 비슷한 문제와 난국을 발견한다.[7]

환자는 치료관계가 자신을 애초에 치료받으러 오게 만든 관계상의 문제를 그대로 보여 준다는 것을 점차 깨닫게 된다. 많은 경우 환자-치료자의 상호작용은 환자가 자신의 경험을 해석할 때와 다른 사람과 관계를 맺을 때 사용하는 부적응적 방법을 탐색할 수 있는 가장 좋은 기회가 된다. 환자와 치료자 사이에 생겼던 관계상의 어려움을 극복하는 정도만큼 환자는 더 유리한 입장이 되어서 다른 관계에서도 그렇게 할 수 있게 된다.[8]

Menninger는 환자가 치료자와의 관계 속에서 자기 욕구를 충족시키려는 갈등적인 시도를 한다는 사실을 체험하는 것이 중요하다고 하였다. 그는 만약 환자 스스로 깨닫지 못한다면 적절한 시기에 환자의 자기 패배적인 대인관계를 지적하게 된다고 말한다. "그러나 우선 환자가 그것을 경험해야 하고 원하는 것을 얻기 위해서 자신이 어떤 방식으로 행동하는지를 스스로 보고 느껴야 한다. 환자는 어떤 방식은 늘 도움이 안 되는데도 계속 쓰고 있는 반면, 어떤 방식은 특정한 (아마도 특히 괴로웠던 단 한 번의) 상황에서 통하지 않았다는 이유로 포기하였다는 것을 결국 깨닫게 될 것이다."[9] 환자는 지금-여기에서의 작업을 통해 어떤 행동은 시대착오적이고 자기 패배적이며 더 이상 적절하지 않다는 것을 스스로 발견하는 체험적 기회를 갖는다. Wolf에 따르면, 이것이 전이 분석의 요체가 된다.[10]

지금-여기에서의 작업의 한 가지 목표는 치료자와의 관계에서 환자가 자신의 욕구를 충족시키기 위해 사용하는 갈등적인 방식을 표현하도록 북돋는 일이다. 치료자는 전이를 확인하고 인정하는 데 대한 환자의 저항에 초점을 맞춤으로써 회기 내에서 전이가 확장되도록 고무한다. 이것이 결정적인 치료 요소가 된다. Freud가 지적한 대로, 치료에서 전이가 표현되어야 그것에 대해 개입할 수 있는 것이다.[11] 비슷한 입장에서 Strachey는 갈등이 치료자와의 관계에서 재연되면 그것을 탐색하고 수정할 절호의 기회가 마련된다고 하였다.

> 먼 과거의 갈등, 즉 이미 죽은 환경과 박제된 사람과 관련이 있고 그 결과가 이미 결정되어 버린 것을 다루는 대신에, 우리는 실제적이고 즉시적인 상황 속에 우리 자신이 놓여 있음을 본다. 이 상황에서는 우리와 환자가 주인공이고, 우리가 그 상황의 전개를 어느 정도 통제할 수 있다.[12]

지금-여기에서의 학습과정은 무엇으로 이루어지는가? Yalom에 따르면, 그것은 상호작용에서 오는 감정의 촉발과 그 감정에 대한 탐색의 반복이다.[6] 지금-여기에 초점을 맞춤으로써 환자는 자신의 대인관계의 어려움을 체험하고, 그것이 왜, 어떻게 어려운지 숙련된 참여 관찰자와 함께 실제 상황에서 살펴볼 수 있는 기회를 얻는다. 체험에만 초점을 맞추면 치료가 흥미롭기는 하겠지만 배우는 것이 별로 없을 것이다. 반대로 탐색과 이해에만 초점을 맞추면 치료가 삭막해지고 경직되며 머리로만 하는 것이 될 것이다. 그러므로 성공적인 치료가 되려면 환자가 정서를 경험하고 또 자신의 실제 행동을 관찰할 수 있어야 한다.

테니스 코치가 레슨 받는 사람의 문제점을 바로잡아 주려면 먼저 두 사람이 실제로 게임을 하며 관찰해야 하는 것처럼 치료에서 변화가 일어나려면 먼저 환자와 치료자가 함께 상호작용을 해야 한다. 우선, 환자가 행동을 보인 다음 치료자의 도움을 받아 한 걸음 물러나서 그 행동을 관찰해야 한다. 그리고는 그 행동의 의미와 목적을 탐색해야 한다.[13]

지금-여기에 초점 맞추기는 다음과 같은 방식을 통해 학습을 촉진한다.

(1) 실제 상호작용은 부정확한 의사소통과 해석 오류의 가능성을 감소시킨다.
(2) 관계에서 생긴 불안과 불확실성을 행동으로 표출하는 대신에 그것들을 의식화하여 언어적으로 표현하는 기회가 마련된다.
(3) 관계에 대해 직접 드러내서 논의하면 원하는 것을 얻기 위해 비언어적으로 조종하는 경향이 줄어든다.
(4) 자신의 생각과 감정을 논의하면 환자가 자신의 정체성을 표현해야만 하기 때문에 그것을 찾아나가는 데 도움이 된다. 환자가 자신이 누구인지를 자신과 다른 사람에게 명확하게 할 수

있는 자아 강화의 기회를 갖게 된다.

(5) 환자는 다른 관계에서도 활용할 수 있는 강력한 행동 모델을 갖게 된다.[14]

전이 해석과 비(非)전이 해석의 대비

> 참호를 구축하는 전쟁에 비유하자면, 전이 해석의 수용은 전략적 지
> 점의 확보라고 볼 수 있고, 전이 이외의 것에 대한 해석은 그런 전략
> 적 지점의 확보로 가능하게 된 새로운 전선의 형성 및 전반적인 전진
> 이라고 볼 수 있다. 그러나 전반적인 전진이 어느 정도 진행되면 적
> 의 또 다른 저항이 있게 마련이고, 계속 전진하기 위해서는 새로운
> 전략적 지점의 확보가 필요하다. 이러한 전이와 전이 이외의 것에 대
> 한 해석의 교차가 분석에서 정상적으로 일어나는 일들의 진행을 대표
> 한다.
>
> James Strachey, 1934, p. 158

지금-여기에서의 전이 분석 과정에서는 전이 이외의 것에 대한 해석(즉, 환자의 전이 경험과 관련이 없는 과거나 현재의 삶에 대한 해석)보다 전이 해석이 앞선다. 전이 해석은 비전이 해석보다 더 효과적이며 위험도 적은 편이다.[12] 전이 해석이 더 효과적일 수 있는 것은 그것이 정서적으로 즉시성을 가지기 때문이다. 전이 해석은 현재 눈앞에 존재하는 사람에게 느끼고 표현하는 충동을 다룬다. 반대로 비전이 해석은 시간적으로나 공간적으로 멀리 떨어져 있는 충동을 다루

는 경향이 있다. 따라서 비전이 해석에서는 즉시적인 에너지가 희박해지기 쉽다. 전이 해석이 덜 위험하고 정확성이 더 높을 수 있는 것은 지금-여기에서의 전이 해석에서 탐색되는 사건을 (발생 기원적이든 현재의 것이든) 비전이 해석에서 탐색되는 사건보다 더 잘 알 수 있기 때문이다.

지금-여기에 초점을 맞추면 과거나 현재의 삶에 대한 환자의 말에서 얻을 수 있는 것보다 좀 더 신뢰할 만한 자료를 얻을 수 있다. 환자가 말하는 정보에 집중하게 되면 자료가 불완전하거나 (의도적이든 그렇지 않든) 편향될 수 있기 때문에 작업이 어려워지는 경우가 많다. 치료 밖의 사건에 대한 논의는 자칫 환자의 특징적인 방어 체계의 영향을 받을 수 있다. 그리고 그런 방어는 환자의 지각과 의사소통 능력에 영향을 준다. 전이 해석으로 환자와 치료자 모두 실제 경험에 관한 일차적 지식을 갖게 되어 상호 검토를 위한 더 적절한 환경이 마련된다. 이는 환자가 제공하는 자료에 의지해서 어떤 인상을 가지게 되는 상황과 대비된다. "그 외의 다른 어떤 해석도 사랑이든 말다툼이든 비난이든 혹은 거론되는 문제가 무엇이든 간에 '타인'이 실제로 어떻게 했는지를 알지 못하는 데서 비롯되는 의심으로부터 자유로울 수 없다."[15]

환자의 전이 경험은 정서적으로 좀 더 즉시적이고 실제로 눈앞에 있는 사람에 대해 반응하는 것이기 때문에, 환자는 대상에 대한 자신의 내적 표상과 실제의 현실 대상인 치료자 사이의 차이를 인식할 기회를 더 많이 얻을 수 있다. 환자 자신이 예상했던 것과 실제로 일어

35

난 것 간의 차이를 살펴볼 때, 환자한테는 치료자와의 관계에서 그것을 탐색하는 일이 실제 눈앞에 없는 과거나 현재의 대상과의 관계에서 탐색하는 것보다 더 쉽다. 지금-여기의 상황에 대한 분석은 환자가 상대방에 대한 자신의 반응이 현실적 근거를 가진 것인지를 확인하고, 필요하다면 학습과 수정을 해나갈 수 있도록 해 준다. '그때 거기'를 탐색할 때는 이런 작업이 훨씬 어렵다.

Greenacre는 비전이 해석과 대비하여 전이 해석을 지지하는 글에서 치료 밖의 관계에 초점을 맞추는 비전이 해석이 가져올 수 있는 또 다른 부작용을 지적하고 있다.[16] 치료자가 환자의 치료 밖의 관계를 객관적으로 정의하려고 하다 보면, 환자 자신과 삶의 여러 국면에 대한 환자의 태도를 분석하는 데 초점을 맞추기보다는 환자의 전체 상황과 그와 관련된 다양한 인물을 탐색하는 데 그치는 수가 있다. 이것은 환자의 자기 이해를 방해한다. 환자는 자신에게 초점을 맞추고 자신의 태도를 묻는 대신에, 치료자의 자세를 모방하여 자신의 관심을 다른 곳으로 돌리고 주변 사람의 무의식적 동기를 해석하려고 할지도 모른다. 치료자가 이를 인식하지 못하면, 원래는 자기 이해를 위한 것이 오용되어서 그러한 이해에 저항할 수 있게 하는 도구를 본의 아니게 환자에게 제공하게 된다. Greenacre는 이것이 철저한 분석을 피하게 하는 가장 손쉽고도 파괴적인 샛길이라고 보았다.

그렇다고 비전이 해석이 가치가 없다거나 그것을 제외해야 한다는 말이 아니다. 치료에서 비전이 해석이 갖는 중요성을 과소평가해서는 안 된다. 이런 해석은 통찰의 확장을 촉진하고 정확한 공감을

36

제1부 _ 전이 분석의 중요성 및 개관

통해 치료적 거점을 제공해 주는 데 매우 성공적으로 활용되는 경우가 많다. 관계상의 모든 경향성이 환자-치료자 관계에 전부 표현되는 것은 아니기 때문에 치료관계 외의 관계에 주목하는 것은 여전히 중요하다. 치료자는 치료 밖의 관계에 대한 논의를 통해서 환자의 적응적·방어적 기능에 대해 많은 것을 알 수 있게 된다. 또 어떤 행동상의 상호작용은 제3자와의 관계를 놓고 논의하는 편이 더 쉬울 때도 많다. 지금-여기에 대한 논의가 어떤 환자들에게는, 그리고 치료의 어떤 시점에서는 필요 이상으로 많은 치료적 긴장을 유발하여 비생산적인 결과를 초래할 수도 있다. H. S. Sullivan은 이 점에 특히 예민해서 환자-치료자 관계에 초점을 맞추기 전에 치료 밖의 관계를 분석하는 데 종종 많은 시간을 들였다.[17] 하지만 그는 상당히 혼란된 환자 집단, 특히 정신분열병이나 심한 강박적 성격장애가 있는 집단과 주로 치료 작업을 하였다는 사실에 주목해야 한다.

치료관계가 아닌 다른 관계에 초점을 맞춤으로써 치료자는 치료에서 생길 수 있는 잠재적인 전이에 대해 더 잘 알 수 있고, 회기 내의 그러한 전이에 대해 좀 더 경계할 수 있게 된다. 예를 들어, 중요한 타인한테 오해받는 것을 호소하는 환자라면 치료자한테서도 같은 경험을 반복할 가능성이 상당히 높을 것이다. 치료 밖의 관계에서 느끼는 이런 감정에 대해 미리 논의를 하면 치료자는 지금-여기에서 그 감정이 발생하는 것을 민감하게 감지할 수 있을 것이다. 치료자와 환자는 치료 밖의 관계에 대해 알게 된 것들을 두 사람의 관계를 좀 더 정확히 이해하는 데 활용할 수 있다.

그러나 치료 밖의 관계에 너무 오래 초점을 맞추거나 전이 이외의 것에 대해서만 해석하는 일은 정서적인 즉시성이 없기 때문에 주지화를 조장한다. 또 많은 경우에서 볼 수 있는 것처럼 지금-여기에 대한 직접적인 논의가 타당한 상황에서도 비전이 해석이 주어질 수 있다. 즉, 그 순간의 즉시성을 피해 가는 것이다. 그것이 함축하는 메시지는 환자와 치료자 사이의 정직하고 진정한 만남에 어떤 위험이 있다는 것이다.

> 비전이 해석은 사실 끝이 없는 고리나 밧줄의 매듭을 푸는 것과 같다. 한 부분에서 매듭을 쉽게 풀 수 있지만, 그것을 푸는 순간에 고리의 다른 부분에 다시 매듭이 생긴다. 밧줄의 끝단을 쥐지 않고는 매듭을 풀 수 없는 것이다. 당신이 전이 해석을 할 때만 이와 같은 상황에 서게 된다.
>
> James Strachey, 1937, p. 143

Freud의 전이 활용

Freud는 분석 기법의 핵심에 전이 경험을 두기는 했지만, 그의 글들을 자세히 살펴보아도 그가 치료에서 전이를 정확히 어떻게 활용하였는지는 분명하지 않다. Gill은 Freud의 사례 보고는 마음의 구조와 기능에 대한 분석의 산물을 보여 주기 위한 것이지, 그러한 산물을 가져다준 기법을 보여 주려는 것이 아니었다고 말한다. "신경증의 역동을 제시하는 데 더 관심이 있었던…… Freud는 분석 작업을 보여주는 데 필요한 그 많은 세부 사항을 묘사하는 것이 불가능하다고 느꼈다."[18] Wachtel은 Freud가 환자의 대인관계적인 교류보다는 환자의 내면적인 삶, 심리내적 과정을 강조했다고 보았다.[19] Freud는 전이에 강한 관심을 보였는데, 이것이 그가 대인관계에 주목했음을 뜻하는 것으로 보일 수도 있다. 그렇지만 Wachtel은 Freud가 상호작용의 이어짐에 그렇게 많은 관심을 보이지도 않았고 현재의 행동과 그 결과가 과거의 양식을 어떻게 답습하는지를 고려하지도 않았다고 한다. Freud에게는 환자의 대인관계가 탐색의 초점이 되는 경우가 있다 하더라도 기저의 역동과 관련해서 어떤 것을 알아낼 수 있을 때만 관심의 대상이 되었다.

기법에 관한 Freud의 저술에서 전이 작업의 중요성이 강조되고 있기는 하다. 그러나 전이 분석이 전이 밖의 작업에 부수적인 것이고, 주로 환자의 내적 심리로 들어가는 수단으로서 중요하다는 것인지, 아니면 환자가 자신의 신경증적 투쟁을 경험하고 확인하고 훈습하는 데 핵심적인 역할을 한다는 것인지는 확실치 않다. 그는 "바로 그 영역에서 반드시 승리를 얻어야 한다. 신경증의 영원한 치유로 표현되는 그 승리를." 이라고 말하였다.[20]

제2부

H&N

환자의 저항

저항에 대한 개관

환자가 일종의 무지로 고통을 겪고 있는 것이고, 만약 그에게 (그의 삶과 질병 간의 인과적 연결 혹은 아동기의 경험 등에 관한) 정보를 주어 그 무지를 제거한다면 질병에서 회복되리라는 견해는 피상적 겉모습에서 유래된 낡고 무가치한 생각이다. 병리적 원인은 환자의 무지 자체가 아니라 내적 저항에 담긴 무지의 뿌리다. 이 무지를 처음 가져온 것도, 그리고 그것을 여전히 유지하는 것도 바로 이 저항이다. 치료의 과제는 이런 저항과의 투쟁에 놓여 있다. 억압해 버렸기 때문에 알지 못하는 것을 환자에게 알려 주는 것은 치료에 필요한 예비 조치 중 하나일 뿐이다. 만약, 무의식에 대한 지식이 정신분석 경험이 없는 사람이 상상하는 것만큼 환자에게 중요하다면, 강의를 듣고 책을 읽게 하는 것만으로도 그를 치유하기에 충분할 것이다. 그러나 이런 방법이 신경증 증상에 미치는 효과란 기근에 처한 사람에게 메뉴판을 나눠 주는 효과와 다를 바 없다.

Sigmund Freud, 1910, p. 225

가장 효과적인 정신역동적 심리치료와 관련해서 그동안 이론적 개념은 상당한 변혁이 있었지만 실제 적용은 종종 그에 미치지 못하였다. 전이 반응의 분석에서 바로 이런 경우를 볼 수 있다. 이론과 실제 사이의 이러한 괴리는 지금-여기에서의 치료적 관계를 확인하고 탐색하는 데 대한 환자와 치료자의 저항에서 비롯되는 것으로 보인다. 전형적으로 저항은 주로 환자의 현상, 즉 치료에 대한 환자의 반응의 하나로 개념화되고 논의되고 있다. 그러나 치료자 또한 치료적 과정에, 특히 전이 자료를 지금-여기에서 작업하는 일에 저항하는 듯하다. 어느 쪽도 그들 사이의 상호작용에 내포된 의미를 직면하지 않으려 하는 경우가 자주 있다. 그것은 불안을 유발하는 감정에 대해 논의하여 관계를 훼손하거나 만족스러운 상호작용에 변화를 초래하는 것을 두려워하기 때문이다. 이 장에서는 저항의 개념에 대하여 논의하려 한다. 그리고 뒤이은 장에서는 전이 분석에 대한 주요 저항을 살펴볼 것이다.

정의(定義)와 묘사

> 실제 분석에서 저항의 훈습은 힘든 과제며······ 분석가에게는 인내심
> 의 시험대로 드러날 것이다. 그렇지만 이 일은 환자에게 가장 커다란
> 변화를 가져다주는 부분이며, 조언을 주는 다른 모든 종류의 치료와
> 분석적 치료를 구분해 준다.
>
> Sigmund Freud, 1914, pp. 155-156

저항 개념은 정신역동적 심리치료에서 오래되고 필수적인 관심사
다. 저항은 환자가 갈등을 드러내고 정서적으로 표현하며, 그것을
훈습하는 과정을 방해하는 치료 중의 모든 행동을 말한다. 저항적
행동은 환자의 문제를 해결하기 위한 효과적인 치료자-환자 협력을
방해한다.

저항은 심리치료 과정에 항상 존재한다. Freud는 치료의 진전이
치료에 대한 저항을 단계마다 동반한다는 사실을 관찰하였다. "치
료 중인 사람의 모든 연상과 모든 행동은 저항과 관련지어 생각해야
한다. 모든 연상과 행동은 회복을 향한 투쟁과 그에 반대하는 힘 사
이의 타협을 반영한다."[1]

저항은 여러 가지 형태를 취할 수 있으며, 오직 환자의 방어 구조
에 의해서만 제한받는다. 치료과정을 방해하는 데는 무수히 많은 기
회가 있다. 환자는 이를 실행에 옮기기 위해 다양한 의식적·무의식
적 방법을 사용할 수 있다. 치료 시간을 잊어버릴 수도 있고 의도적

으로 빼먹을 수도 있으며 늦게 올 수도 있다. 환자는 의식적으로 자료를 검열할 수도 있고, 강박적으로 숙고하면서 중요한 대화를 피할 수도 있다. 치료자의 관찰 내용에 대해 생각해 보기를 거부할 수도 있고, 현재 행동의 의미나 과거 경험의 중요성에 대해 살펴보기를 꺼릴 수도 있다. 심지어 저항은 좋고 성실한 환자가 되려고 매우 열심히 노력하는 모습으로 변장할 수도 있다. 이런 환자는 치료자가 관심을 가지는 듯한 모든 생각과 감정을 충실하게 보고하고, 치료자가 말하는 모든 것에 신중하게 주의를 기울일지도 모른다. 이렇게 하여 안전감을 느끼기 위해 권위적 인물을 기쁘게 하려는 소망과 같은 자신의 진정한 문제에 대한 작업을 회피한다. 모든 생각과 감정, 그리고 행동은 방어적이거나 저항적인 요소를 가질 수 있다.

저항은 자아 방어라는 개념과의 관계를 살펴보면 좀 더 깊이 이해할 수 있다. 자아 방어는 적응적일 수도 있고 부적응적일 수도 있다. 의식할 수도 있고 의식하지 못할 수도 있다. 또한 일상생활이나 치료 상황에서 모두 사용할 수 있다. 저항은 자아 방어의 작용과 기능이 치료 상황에 드러나는 것이라고 생각할 수 있다.[2] 예컨대, 일상생활에서 감정의 격리와 주지화라는 방어를 사용하는 강박적인 환자는 치료에서도 그와 유사한 방식으로 행동할 것이다. 이와 같이 치료에서 자기 탐색, 정서 표현, 치료자와 의미 있는 상호작용 등의 치료적 과정을 방해하는 자아 방어를 저항이라고 한다. 여기서 환자가 사용하는 특정 형태의 저항은 환자의 자아 방어 조직을 반영하는 것이다.

환자들은 다른 관계를 맺을 때와 같은 방식으로 치료과정 및 관계에 저항한다. 그들은 치료에 와서 도움을 요청하고 간청하기도 하지만, 도움을 받는 데 필요한 치료동맹의 형성에는 반복해서 문제를 겪는다.[3] 환자들이 치료동맹을 발전시키고 자신의 관심사에 대해 작업하는 데 어려움을 겪는 이유는 사람들에게 반응을 보이고 함께 일할 때 사용하는 갈등적인 수단을 환자-치료자의 상호작용에도 적용하기 때문이다. 환자의 일상생활에서 효과적인 상호작용과 갈등 해결을 방해하는 방어는 그것이 대인관계적인 것이든 심리내적인 것이든 간에 치료에서도 역시 재연되어 협력적인 치료동맹과 심리적 갈등의 탐색에 저항하는 형태로 나타난다. 이런 행동은 현재 환자의 적응 방식을 유지시키며, 자기 자신과 타인을 대할 때 낡고 자기 패배적인 전략을 지속하게 한다는 점에서 문제가 된다.

왜 환자는 저항하는가

　환자가 변화와 성장 및 갈등 해소를 원한다고 얘기하더라도, 치료자는 환자가 현재 상태를 유지하는 데 마음을 많이 쓰고 있다고 가정해야 한다. 무엇이 이러한 저항을 가져오는가? 환자는 왜 그렇게도 끈질기게 갈등적이고 자기 패배적인 심리내적이고 대인관계적인 양식을 고수하는 것인가? 환자는 왜 치료과정에 저항하는가? 환자 자신에게 큰 불행과 심리적 고통을 가져오는 바로 그것에 집착하고 있다는 사실이 저항에 대한 이해를 어렵게 만든다. 환자는 자신의 문제에 매달리며 그것을 포기하는 것에 대해 자주 강한 저항감을 보인다. 고통스러운 것을 포기하는 치료과정을 스스로 방해하는 환자의 이런 경향성에는 여러 가지 이유가 있다.

위험하거나 불안하다는 느낌은 종종 저항을 불러온다. Freud는 억압된 심리내적 갈등을 밝혀내는 일이 가져올 불안을 피하기 위해 환자가 치료과정에 저항한다고 가정하였다.[4] 이런 갈등은 대개 초기의 중요한 타인에 대한 양가적 소망 및 감정과 관련이 있어, 만약 기억이 살아난다면 환자는 불안해질 것이다. 그래서 환자는 갈등적인 소망을 탐색할 때 느끼게 될 감정에 저항한다. 그뿐 아니라 환자는 자신의 비밀스런 갈망이 충족된 적이 없었다는 것을 알게 되었을 때 겪을 좌절감 역시 다루고 싶어 하지 않는다. 환자는 자신이 원하거나 당연히 받아야 한다고 느꼈던 그것을 얻지 못한 경험을 참고, 이제 자신의 인생에서 좀 더 성숙한 절충안을 수용하는 작업을 해야 한다는 엄연한 현실을 피하기 위해 치료과정에 저항한다.

Sullivan은 환자가 안전감 상실을 피하기 위해 저항한다고 가정한다.[5] 저항은 자기 보호의 기능을 한다. 비록, 환자가 신경증의 고통과 결손에서 벗어나기를 바라더라도, 그 신경증은 심리적 갈등을 해결하기 위한 자신의 노력을 나타내며 자신의 힘으로 성취할 수 있었던 최상의 적응 수준을 반영하는 것이기 때문에 그 자체를 포기하고 싶어 하지 않는다.[2] 자각이 증가하고 치료자와의 협력이 잘 이루어진다는 것은 그동안 회피하거나 부인하기 위해 선택하였던 것을 이제는 다루어야만 한다는 점을 무의식적으로 의미하는 것이 된다. 환자가 의식적으로 경험하는 고통이 아무리 심하더라도, 자신이 '회복하기' 위해 겪어야 할 것이라고 환자가 무의식적으로 예상하는 고통보다는 덜하다고 가정해야 한다.[3] 자신의 방식을 그대로 유지하는 것이 더 안전해 보이기 때문에 환자는 변화와 협력에 저항하는 것이다. 저항이 신경증적인 것은 어제는 생존을 위해 타당했던 전제가 오늘은 타당한 것이 아니라는 사실을 수용할 수 없기 때문이다.[6]

우리는 폐쇄적이고 고정된 내적 대상 세계를 고수하는 것을 저항이라고 보았다. 이 대상 세계는 우리에게 부모가 있어야 하기 때문에 나쁜 부모라도 없는 것보다는 낫다는 두려움에 기초한다.[7] 우리가 그 세계를 이탈한다면, 우리 자신에 대해, 그리고 생존을 위해 학습했던 것들에 대해 의심하기 시작한다면, 우리는 프라이팬에서 나와 불 속으로 뛰어드는 것처럼 느끼게 될 것이다. 치료에서 저항의 전략으로 사용되는 성격 특성은 종종 부모와 동일시한 결과며, 그 중요한 타인과의 관계를 유지하기 위한 수단으로 기능을 한다. 그런 행동을 포기한다는 것은 자신의 일부, 근원, 정체성을 포기하는 것을 의미한다. 현 상태를 고수함으로써 작지만 어느 정도의 정체성과 자기 통합을 유지할 수 있는 것이다.

치료과정에 저항하는 또 다른 이유로는 치료자의 이해가 고통을 줄 수 있기 때문이다. 치료자가 공감적으로 반응할 때 환자에게는 어떤 부조화가 일어나며, 이에 따라 환자는 치료적 변화에 저항한다. 공감의 경험은 예상 밖의 일이다.[8] 자신을 공감할 수 없는 환자에게는 치료자의 공감이 달갑지 않은 경험이 될 수 있다. 진실한 관계는 (1) 자신을 방어하기 위해 어떤 것도 바라지 않던 마음에 희망을 선동하고, (2) 유혹을 당하거나 빚진 듯한 느낌을 주고, (3) 치료자와 비교해서 자신이 부적절하고 무가치하다는 느낌을 증가시키고, (4) 자기 자신에게 편하게 대해도 될 것 같아 자기 연민을 가지게 하고, (5) 다른 사람에게 가까이 다가가면 거부당하리라는 두려움을 자극한다.[3] 이러한 염려의 결과로 의식적이든 그렇지 않든 환자는 과거에 다른 사람이 했던 방식대로 치료자도 자신에게 반응하도록 유도한다.

저항의 또 다른 이유는 환자가 자기 자신과 대인관계를 있는 그대로 보게 됨에 따라 자신의 어려움을 밖으로 돌려 타인이나 과거를 비난하기가 점점 어려워지기 때문이다. 환자는 자기 자신과 자신의 상호작용 방식을 알게 될수록 자기 인생이 자신의 책임이라는 사실과 그 인생을 어떻게 살아왔는지를 더 잘 알게 된다. 이렇게 책임을 수용하는 것은 그 자체가 불안을 유발하며, 환자의 저항을 가져오는 매우 중요한 요인이 된다.

변화와 그런 변화를 향한 생산적인 협력에 저항하는 또 다른 이유로 환경적 장애를 들 수 있다. 환자와 장기간에 걸쳐 관계를 맺었던 사람들은 종종 환자의 신경증이 그들 자신의 신경증과 잘 맞물리기 때문에 관계를 지속한다. 환자와의 상호작용이 그들의 경직된 신경증적 욕구를 만족시켜 주는 것이다. 그래서 그들은 자신의 방식을 보완하는 상호작용 양식에 환자를 계속해서 묶어 두려고 할 수 있다. Wachtel은 전지전능한 남편과 의존적인 아내, 적대적이고 오만한 아내와 학대받는 순교자의 정체성을 지닌 남편, 다른 사람의 모험적인 삶은 피상적이라며 서로를 안심시키고 두려움을 달래 주는 커플, 그리고 공유와 친밀감에 대한 두려움으로 항상 서로 바쁜 커플을 그 고전적인 예로 들었다.[9]

요약하면, 저항은 자기 탐색의 치료과정과 치료자와의 진솔한 상호작용을 방해하는 행동으로 정의할 수 있다. 이런 행동은 불안과 그 밖의 고통스런 정서에서 환자를 보호하는 도구가 된다. 탐색과 드러냄의 과정은 저항의 불을 지핀다. 치료적 탐색은 환자에게 방어를 이겨내고 정서적 합리화를 제거하여 자신과 직면하라고 격려하는 과정이다. 이런 과정은 환자에게 두렵고 혼란스러우며 때로 좌절을 안겨 준다. 치료자와 좀 더 성숙하고 현실지향적인 방식으로 상호작용하게 될 때 환자는 불안을 느낀다. 이 상호작용이 이전에 학습하였던 신경증적인 관계 형성의 수단을 위협하기 때문이다.

저항에 대한 치료자의 태도

환자에게 손가락을 흔들며 "당신은 지금 저항하고 있습니다!"라고 말하라는 것이 아니다. 그것은 당신이 할 수 있는 최악의 행동이다. ……올바른 방법은 어떤 일을 생각하고 느끼는 것을 스스로 어떻게 막고 있는지 환자에게 지적해 주는 것이다. 그럼으로써 환자는 자기를 의식하게 되며 이런 회피가 자동적으로 작동하지 않게 된다. 이것이 전부다. 이것이 바로 분석가의 메스다. 그는 환자의 마음을 열고

땜질을 할 수가 없다. 그가 할 수 있는 유일한 일은 환자에게 "거길 보십시오"라고 말하는 것이다. 그래도 환자는 거의 보지 않는다. 그렇지만 때로는 본다. 그러면 환자의 자동적인 행동이 조금 덜 자동적이게 된다.

Janet Malcolm, 1981, pp. 72-73

저항에 대한 치료자의 태도는 그것을 탐색하려는 환자의 자발성에 큰 영향을 미칠 것이다. 저항이란 용어는 많은 치료자에게 부정적인 반응을 불러일으킨다. 어떤 치료자에게는 치료적 작업을 회피하는 무책임한 환자를 떠올리게 한다. 그러나 저항은 도움이 될 수도 있고 안 될 수도 있는 복잡한 방어 조직으로 이해해야 한다. 치료자는 저항을 치료에 대한 반대 행위로 보기보다는 치료과정의 한 중요한 부분으로 보는 것이 좋다. 저항을 바라보는 가장 적합한 태도는 민감성, 인내, 공감, 호기심을 두루 포함하는 것이다. 치료자는 저항의 출현에 민감해야 하며 늦지 않게 반응할 준비가 되어 있어야 한다. 저항을 탐색하는 일을 너무 오래 지체한다면 치료자는 환자의 스타일에 익숙해져서 저항을 환자의 일부분으로 당연하게 받아들일 수도 있다.[10]

환자의 저항적 전략이 치료에서 어떻게 작용하는지 늘 주의를 기울이고 그것을 환자에게 지적하는 것도 중요하지만, 환자가 그런 전략을 계속 사용하는 것에 대해 인내심을 가지는 것 역시 중요하다. 저항은 한 번의 탐색으로 포기되지 않는다. Freud가 잘 표현하였듯이 "우리는 환자가 지금 알게 된 저항을 좀 더 깊이 알고 훈습하며 극복할 수 있도록 시간을 주어야 한다."[11]

자아심리학과 대인관계적 이론은 저항에 대한 관점을 다양하게 넓히는 데 기여하였다. 초기의 관점은 갈등을 일으키는 마음의 무의식적 구성물을 이해하기 위해서 저항을 부수고 제거해야 하는 것으로 보았다. 그리고 변화는 이러한 구성물에 대한 통찰에서 생긴다고 보았다. 그러나 역동적 이론은, 저항 행동을 다루는 작업이란 저항을 제거하는 일이 아니라 환자의 삶의 문제를 유지시키는 데 저항이 어떤 역할을 하는지 확인하는 일이라는 관점으로 발전하였다. 저항을 변화를 가져오기 위해 치워야 할 장애물로 보기보다는 그 자체로서 탐색하고 이해해야 할 행동으로 보는 것이 아마 가장 건설적인 관점일 것이다.[10] 저항을 가장 효과적으로 다루기 위해서는 그것을 치료나 치료자에 대한 환자의 반대로 볼 것이 아니라 내면을 드러내는 치료과정의 자연스럽고도 중요한 한 측면으로 간주해야 할 것이다. 저항에 대해 이러한 관점을 갖지 못한 치료자는 치료자-환자 관계를 적대적으로 이끌기 쉽다.

저항은 그것을 통해 보호되고 있는 자료만큼이나 치료의 초점으로서 중요하다. 저항을 잘 살펴보면 갈등의 요소가 환자의 성격 구조 안에 깊게 자리 잡고 있음을 알 수 있다. 예를 들어, 완고한 성격의 환자들을 만나다 보면 그들이 '예'라고 말하기 전에 '아니요'라고 말하는 경향이 있음을 차츰 알게 된다.[12] 치료자는 방어되고 있는 내용을 다루기 전에 방어와 저항 자체를 먼저 다루어야 한다. 저항의 과정과 의미에 대한 분석은 종종 기저의 내용에 초점을 맞추는 것보다 더 많은 치료적 진전을 가져온다. Schafer는 표현에 근접해 있으면서도 환자가 차단하고 있는 어떤 생각이나 감정을 직접적으로 이끌어 내려는 시도는 잘못된 것이라고 강조한다. 이런 상황에서는 환자가 왜 그런 생각이나 감정을 스스로 차단하고 있는지를 알도록 돕는 것이 더 생산적이다. "(환자가) 울지 않으려고 애쓰고 있다고 가정해 보자. 왜 그렇게 울지 않으려고 애쓸까? (치료자는) 저항 전략에 관심이 있다면 먼저 이 질문에 대한 답을 구할 것이다. 이것이 울음 자체보다 (치료에) 더 도움이 될 것이기 때문이다."[13] 치료자가 해야 할 일은 환자에게 어떤 정서를 강요하거나 행동을 요구하는 것이 아니라 다른 사람과 자기 자신에게 반응하는 환자 자신의 전략을 알도록 도와주는 것이다.

저항을 다룰 때는 공격적인 방식을 피하는 것이 현명하다. 치료자는 환자의 방어를 사정없이 공격하여 괴롭히는 존재나 적의 전초기지를 찾아 파괴하려는 군 지휘관 같은 인상을 주어서는 안 된다. 치료자는 억압된 감정에 도달하기 위해 방어를 돌파하고 파괴하지 않는다. 적대적인 태도는 치료동맹을 심각하게 손상시킨다. 이런 태도는 공감적이지도 않고, 환자를 함부로 대하는 것이며, 무엇보다 치료를 실패로 이끌게 되어 있다.

Schafer는 치료자가 환자의 저항 행동을 대할 때 긍정적인 태도를 취해야 한다고 하였다. 사실은 저항 행동이 저항하거나 반대하는 행동이 아니라 이해를 필요로 하는 혼란스러운 행동이라는 것이다. 치료자는 이러한 새로운 관점조차 치료를 진전시키기 위한 수단과 책략으로 보지 않아야 한다. "이런 식으로 생각하는 것은 옳지 않다. 이런 생각은 '자아 분석'의 중요한 부분을 무시할 뿐 아니라 분석가 편에서 무엇인가를 일으키려고 일방적으로 노력하는 위험을 초래할 수 있기 때문이다. 분석가가 무슨 권리로 그런 시도를 하는가?"[14] 저항을 깨뜨리려고 하기보다는, 지금 함께 탐색하며 치료에서 유익한 방향으로 변화되기를 바라는 환자의 삶에서 이 저항이 어떤 역할을 하는지 분명하게 밝히려는 노력을 해야 한다.

저항에 대한 치료자의 태도·자세와 관련해서 마지막으로 하고 싶은 말은 환자 스스로 치료의 책임을 질 수 있도록 돕는 일, 즉 치료는 치료자가 대신해 주는 것이 아님을 알도록 돕는 일이 매우 중요하다는 것이다. Bach가 말하였듯이, 어린아이가 부모 앞에서 놀 때나 학생이 선생님 앞에서 연습할 때처럼 기본 규칙을 제외한 어떤 비판이나 지시도 없는 상태에서 환자가 치료자 앞에서 자신을 치료할 수 있도록 허용하고 격려해야 한다. 치료가 치료자의 것이 아니라 환자 자신의 것이라고 느낄 때 환자는 가장 깊은 자기 모습을 드러내고 고통스러워도 자신을 노출시켜서 스스로를 치료하기 시작할 수 있다. "물론, 이렇게 된다고 해서 저항이 마술처럼 사라지는 것은 아니지만, 분석가 편에서 그 저항을 찾는 데 일차적인 책임을 지기보다는 환자 자신이 책임을 느끼고 그에 대해 이야기하도록 하는 데 도움이 될 것이다."[15]

04

지금 – 여기에서의
전이 분석에 대한 환자의 저항

환자가 (전이를) 포기하는 방향으로 나아가도록 치료자가 가할 수
있는 가장 큰 압력은 점진적으로, 그리고 점점 더 명확하게 전이
를 조명하는 일이다. 이렇게 하여 전이 속의 유아적 측면을 한
사람의 어른으로서 행한다는 사실이 환자에게 점점 더 어려워지
도록, 더 큰 갈등을 가진 문제가 되도록 만드는 것이다.

Franz Alexander, 1925, p. 494

지금-여기에서의 전이 분석에 대한 환자의 저항은 정신역동적 심리치료에서 매우 중요한 문제다. 환자는 (1) 전이의 발달과 표현(즉, 전이 자각)에 저항하고, (2) 전이의 분석과 해결(즉, 전이 해소)에 저항하면서 전이관계의 탐색을 거부한다. 전이 자각의 저항에서 전이는 표현되지 않도록 보호받는 대상이고, 전이 해소의 저항에서 전이는 저항하는 주체다.[1] 전이 자각에 대한 저항을 다루는 것은 내현적인 전이를 밖으로 드러나게 만드는 일이며, 전이 해소에 대한 저항을 다루는 것은 이미 드러난 전이를 검토하고 수정할 수 있도록 환자를 돕는 일이다. 따라서 치료자는 전이 반응을 작업할 때 연속되는 두 개의 과업을 수행해야 한다. 첫 번째 과업은 치료적 상호작용에서 환자가 치료자에 대해 느끼는 자신의 반응과 지각에 관심을 기울이고 표현하도록 돕는 일이다. 두 번째 과업은 전이가 현재와 미래의 상호작용에 해로운 영향을 미치는 것을 감소시키기 위해 전이 반응을 더욱 명료화하고 훈습하고 해소하는 데 초점을 두는 일이다. 실제로 이 과업들은 섞여 있어서 분리하기가 어렵다. 그렇지만 이 장에서는 논의의 전개를 위해 이들을 순차적으로 다룰 것이다. 먼저 전이 자각에 대한 저항을 살펴본다.

전이를 자각하는 것에 대한 저항

전이 반응을 분석하기 위해서는 우선 환자–치료자 상호작용에서
발생할 수 있는 전이적 요소에 대해 환자가 알아차리는 것이 필요하
다. 이를 위해 치료자는 환자가 자신의 반응을 자각하고 기꺼이 이
야기할 수 있도록 촉진하고자 한다. 심리치료에서 환자는 대개 치료
와 치료자에 대한 자신의 반응을 치료의 한 중요한 관심사로 보는 것
에 대해 저항한다. 이에 환자는 치료자에 대한 감정을 부인하거나
그 중요성을 축소시키려고 한다. 자신과 치료자 간의 관계와 상호작
용이 치료적 탐색의 영역이 될 것이라고 예측하면서 오는 환자는 거
의 없다. 환자는 자신이 단순한 전문적 관계 이외의 방식으로 치료
관계를 경험하고 반응한다는 사실을 인식하고 싶어 하지 않는 경향
이 있다.[2] 환자는 치료를 일이 아닌 다른 것으로 보는 데 저항한다.
따라서 치료자에 대한 자신의 생각, 느낌, 반응을 검토할 필요성에
대해 저항한다.

환자는 치료자에 대한 자신의 반응은 전적으로 치료자의 실체에
근거한 것이며, 치료에서 생기는 어떤 갈등도 자신과 타인을 바라보
는 그 자신의 독특한 방식과는 무관한 것이라고 완고하게 주장하면
서 전이를 확인하고 탐색하는 것에 저항한다. 환자는 관습적인 치료

상황만으로도 치료자에 대한 긍정적이거나 부정적인 모든 감정이 설명된다고 주장한다. 예를 들어, 환자는 감정을 말하는 것을 주저할 때 그 이유가 사람을 의심하는 자신의 성격(간섭이 많고 편집증적인 양육자와의 아동기 경험으로 인해 생길 수 있는)과 관계가 있다고 보기보다는 누가 듣지 않을까 하는 두려움이나 드러낸 내용을 치료자가 어떻게 다룰까 하는 두려움 때문이라고 합리화할 수 있다. 대개 환자는 맹목적으로 반복되는 과거의 대인관계 양식 같은 것은 없다고 믿고 싶어 한다.[3]

대인관계 양식이 반복되는 것을 환자가 즉시 완전하게 이해할 수는 없다. 심리치료를 받는 이유 중 하나가 바로 환자 자신이 어떻게 계속 반복하여 같은 상황과 자기 패배적인 상호작용을 불러일으키는지를 모른다는 데 있다. 이런 의미에서 환자는 처음에는 치료에서 일어나는 일이 다른 관계에서 벌어지는 일과 흡사하게 전개된다는 것을 느끼지 못한다.[4]

전이 자각에 저항하는 것이 심리치료에서 가장 흔한 환자의 저항 방식인데도 치료자는 이것을 체계적으로 살펴보는 것에 종종 실패한다.[5] 치료자에 대한 반응을 탐색하지 않으려는 환자의 저항은 임상 실제에서 가볍게 취급되는 경우가 많다. 왜 전이 해석에 정서적인 영향력이 없는가? 그 중요한 이유 중에 이런 현상이 자리 잡고 있다. 환자 편에서 전이 감정의 중요성과 의미에 민감해지지 않고 전이의 가능성을 고려하려는 어느 정도의 자발성이 없다면 전이 해석은 (지적 방어를 증가시키는 것 이외에는) 효과가 거의 없게 된다. 전이 해석에 대한 적절한 준비가 없다면 환자는 치료관계에 대한 치료자의 관찰을 왜곡하거나 거부하기 쉽다. 그 결과 역동적 치료라고 하면서도, 환자가 자신의 생활에 대해 이야기하는 것을 완고하게 거부하지 않는 한 치료 장면 밖의 경험에 대부분의 에너지를 쏟고 치료관계는 거의 강조하지 않는 방식으로 진행되기도 한다. 결국 지금-여기는 최소화되며, 때로 일부러 회피하게 된다.

치료자는 치료적 상호작용의 특성에 초점을 맞추어야 할 뿐만 아니라 그렇게 초점 맞추는 것에 저항하는 환자의 방법에도 초점을 맞추어야 한다. 이것은 치료에서 어려운 부분이다. 직접적이고 즉시적인 상호작용에 대한 두려움 때문에 치료자와 환자는 그들의 관계를 살펴보지 않기로 공모할 수 있기 때문이다.

왜 전이 자각을 회피하는가

환자들은 세상에 대한 내적 표상이 어떻게 치료자에 대한 자신의 지각과 반응에 영향을 주는지 생각하기를 꺼리는 경향이 있다. 치료자가 준비시키고 격려해도 환자는 전이 개념에 대해 저항하며 치료자에게 느끼는 자신의 생각, 감정, 반응을 이야기하는 것에 대해 저항한다. 이러한 저항에는 많은 이유가 있다.

환자가 치료자에 대한 감정을 지금-여기에서 이야기하기를 저항하는 이유 중 하나는 이것이 관례상 환자와 전문적 서비스를 제공하는 사람 사이에서 일어나지 않는 일이기 때문이다. 상대방과의 관계에 대해 지금-여기에서 함께 이야기하는 행위는 대부분의 사회적 교류에서 상당히 이상한 일로 보인다. 따라서 환자는 이 일의 중요성에 대해 교육을 받아야 한다. 이러한 교육을 받지 않은 환자는 치료자에 대한 자신의 반응이나 치료자의 감정에 대한 자신의 느낌을 말하는 것이 무례한 일이라고 생각할 수 있다. 대부분의 일상적 상황에서 이러한 일에 주의를 집중하는 것은 사회적으로 부적절하게 보인다.

특히, 자신의 감정과 관련된 그 사람 앞에서 감정을 털어놓는다는 것은 어려운 일이다.[6] 치료관계를 직접 치료자와 이야기하는 일에 대한 두려움 때문에 전이 자각은 저항을 받게 된다. 치료자에 대한 감정에 주목하고 논의하는 것이 수치심을 가져올 수 있으므로 환자는 이를 피하고 싶어 한다. 예를 들면, 치료자에 대한 애정의 감정을 인정하거나 이야기하는 일은 환자에게 어려운 일이며, 특히 애정을 표현하는 일에 갈등이 심한 경우는 더욱 그렇다.

어떤 환자에게는 전이가 통제의 상실, 되돌릴 수 없거나 관리할 수 없는 퇴행, 치료자에 대한 감당할 수 없는 친밀감과 의존심 등과 관련된 강렬한 두려움을 촉발하기도 한다. 전이 자각에 대한 저항은 그러한 감정의 출현이 가져올 심리적 혼란의 위협과 관계가 있다. 그래서 환자는 억압된 감정과 갈등이 재출현할 것이라는 두려움 때문에 전이 자각을 회피하게 된다.[7]

또한 환자는 자신의 과거가 치료자와의 관계에서 반복될 것을 무의식적으로 두려워하기 때문에 전이 감정의 인식에 저항할 수 있다.[8] 전이 감정을 수용하는 것, 아동기의 소망과 갈등을 직면하는 것은 초기 관계와 관련된 고통을 재경험하도록 스스로를 노출하는 일이다. 그래서 환자는 자신의 모든 반응에 스스로를 개방하지 않음으로써 잠재적인 고통으로부터 자신을 방어한다.

어떤 환자는 전이가 가진 의미가 무엇인지 알고 싶지 않아서 전이의 발달을 다른 식으로 합리화하려 한다. 자신이 무엇을, 왜 하고 있는지 알게 되면 같은 방식으로 행동을 지속하는 것이 훨씬 더 어렵게 느껴진다.[9]

또 어떤 환자는 치료자와의 관계가 가지는 '가상적' 특성을 받아들이고 싶지 않아서 그 관계를 주목하고 살펴보는 것에 저항한다.[10] 그들은 좌절된 아동기의 소망을 잠재적으로 만족시켜 주는 사람으로서 치료자를 포기할 수 없다. 치료관계의 '가상적' 특성을 수용하는 것(그리고 그에 따른 전이 반응의 해소)은 치료자에 대한 반응과 감정을 탐색할 것을 요구한다. 그런 일은 자신의 욕구를 실제로 만족시켜 주는 대상으로서 치료자를 소유하려는 환자의 소망을 좌절시킨다. 치료자를 현실적 대상으로 인정하는 것은 환자에게 긴장과 외로움을 가져온다. 의존심을 둘러싼 강한 갈등을 가진 환자는 치료관계를 자신을 이해하는 방법으로 이용하는 것을 참을 수가 없다. 조언이든 금지든 사랑이든 간에 그들은 욕구의 직접적인 충족을 원하고 요구한다.

어떤 환자도 욕구를 만족시켜 주는 대상으로서 치료자를 완전히 포기할 수는 없다. (또한 그것이 도움이 되지도 않는다.) 하지만 보다 직접적인 욕구만족(예컨대, 문자적 의미의 사랑, 동정, 생활에 대한 지도 등)을 요구하는 환자는 장기적 목표(예컨대, 심리내적 갈등의 통찰, 신경증적 대처 행동의 이해 등)를 성취하기 위해서 즉각적인 긴장 해소를 포기하는 것을 참아내기가 더 어렵다. 이러한 환자는 치료관계를 사람에 대한 자신의 반응과 상호작용을 이해하는 매개물로 개념화하는 것에 저항한다.

전이를 자각하도록 돕기: 환자를 준비시키기

> 치료자가 아무런 설명도 없이 환자가 예상하지 못한 방식으로 행동하지 않더라도, 치료는 이미 일상의 경우와 충분히 다르고 비전형적이며 예측 불가능하고 두려운 것이다.
>
> Steven Levy, 1984, p. 18

치료 방법에 대해 환자를 교육하여 준비시키면 효과적인 전이 작업이 촉진된다. 교육은 (1) 환자의 능력을 존중하고 자율성을 지지한다는 것을 전달하고, (2) 치료과정을 친숙하게 하여 협력의 능력을 증가시키고, (3) 좌절이 있음을 이해시켜서 치료 내의 좌절과 절제를 인내할 수 있도록 돕는 기능을 한다.[11]

전이 자각에 대한 저항을 다룰 때는 환자가 져야 하는 책임에 대해 설명하는 것으로 시작한다. 이때 개방과 솔직함, 생각과 감정의 자유로운 표현이 중요함을 강조한다. 더불어 치료자는 두 사람 사이의 상호작용과 관계에 대한 대화의 중요성을 강조한다. 이러한 준비로서 "치료 회기 동안 마음에 떠오르는 것은 가능한 한 솔직하게 있는 그대로 이야기해 주세요.", "어떤 것이든 생각나는 대로 말해 주세요. 나에 대해 어떤 생각이 드는지, 여기 오는 것에 대해서는 어떻게 느끼는지, 내가 말한 것에 대해서는 어떤 느낌이 드는지 말입니다. 나 역시 솔직하게 말하겠습니다. 우리 사이에서 일어나는 일을 이해하려고 노력하는 과정에서 우리는 사람들과의 관계에서 느끼는 당신의 어려움을 좀 더 분명하게 이해할 수 있을 것입니다."라는 진술이 가능하다. 이러한 언급은 환자를 격려해서 환자-치료자 상호작용을 관찰하고, 그 관찰 내용을 함께 살펴볼 수 있도록 이끈다.

　환자는 치료자와 만날 때의 느낌을 함께 논의하는 일이 중요하다는 것을 교육받을 필요가 있다. 대인관계 양식의 특성을 관찰하고 이해하려는 노력에 수반되기 마련인 조심성과 불편함은 자연스러운 현상이지만, 그래도 치료자는 이를 지적하고 환자와 함께 논의해야 한다. 앞서 언급한 것처럼 환자의 문제를 확인하고 해결하는 방법으로 환자-치료자 상호작용을 살펴보는 일에 대해 치료자 쪽에서 적극적인 관심을 표현하지 않으면 환자가 그런 작업을 먼저 시작할 가능성은 거의 없다고 할 수 있다. 환자는 대부분 특정한 문제 혹은 여러 복합적인 문제를 해결하는 데 관심을 가지고 치료에 온다. 그러므로 일상에서 경험하는 자신의 문제가 치료자와의 관계에서 재연될 수 있다는 생각은 처음에는 그리 설득력이 없다.

　전이 자각에 대한 저항을 훈습하도록 도울 때 치료자가 항상 염두에 두어야 하는 것은 환자가 지금-여기에 대해 자연스럽고 쉽게 이야기하지 못한다는 사실이다. 그것은 어떤 사람에게는 새로운 일이고, 또 어떤 사람에게는 두려운 일이다. 특히, 만족스러운 관계에 대해 의논하고 그런 관계를 이루는 데 거듭 실패한 사람에게는 더욱 그렇다. 그러므로 가장 먼저 해야 할 일은 지금-여기에 초점을 두는 것이 비난이나 갈등을 의미하는 것이 아니라는 점을 이해하도록 돕는 일이다.[12]

많은 환자는 분노와 격분만이 아니라 친밀감과 긍정적 느낌의 표현에도 어려움을 느낀다. 따라서 비판적인 감정뿐만 아니라 긍정적인 감정을 표현하도록 격려하는 것도 중요하다. 때로 환자는 주장, 공감, 의존심, 이끌림, 수줍음 등과 같은 다양한 감정을 알아차리고 표현하는 것을 배워야 한다.

이런 과정에서 다음과 같은 주의 사항을 염두에 두는 것이 좋겠다. 환자는 처음에는 간결하고도 솔직한 설명을 들은 다음 실제 치료과정에서 보다 자세하게 설명을 들을 때 치료에 대해 가장 잘 배울 수 있다. 그리고 치료자는 치료가 교훈적인 과정인 것처럼, 즉 환자의 저항을 충고, 설득, 훈계를 통해 우회할 수 있는 것처럼 다루지 않도록 주의해야 한다. Levy는 전이의 중요성에 대해 환자에게 교육하고 설득하는 것으로는 충분하지 않다고 지적한다. 전이를 인식하고 작업하는 일을 두려워하고 주저하는 환자의 태도는 그런 저항을 통해 왜, 어떻게 이득을 얻는가 하는 관점에서 함께 살펴보아야 한다.[13]

치료자의 자세

환자는 저항에 대한 교육과 해석을 통해 전이의 중요성에 대한 인식을 발전시킨다. 여기에는 이 현상에 대해 기꺼이 주의를 기울이고 의견을 말하며, 더 깊이 탐색하는 일이 포함된다. 어떻게 이것을 촉진할 수 있는가? 무엇보다 치료자는 자신의 이론을 신뢰하고, 전이 작업을 환자의 심리내적·대인관계적 갈등을 확인하는 지극히 중요한 도구로 볼 수 있어야 한다. 환자가 보이는 전이 자각에 대한 저항을 치료자는 호기심과 탐색적인 태도로 대해야 한다. 치료자는 환자의 경험에 주의를 기울이고 환자에 대한 자신의 감정과 충동에도 민감해야 한다. 기꺼이 환자와의 관계를 탐색하고 그에 대해 논의하고 나누어야 한다. 치료자는 환자가 자신에 대해 어떻게 생각하고, 느끼고, 반응하며, 그 이유가 무엇인지에 대해 호기심을 가져야 하는 동시에 환자의 호기심을 자극해 주어야 한다. 그리고 치료자에 대한 자신의 반응은 현재의 상호작용에 따라서만 결정된 것이고 자신의 습관적인 지각과 태도의 양식과는 아무 관계가 없는 것으로 보려는 환자의 관점에 의문을 제기해야 한다.

때로 치료자는 전이 발달과 관련해서 적극적일 필요가 없다고 생각한다. 전이는 차츰 전개되어 보다 분명해질 것이며, 그때 치료적 개입이 가능할 것이라고 생각한다. Gill은 이러한 태도는 환자 행동의 저항적 요소를 무시하는 것이며, 전이에 초점을 맞추지 않으면 환자는

그것을 부정하거나 회피할 것이라고 경고한다.[14] 환자가 치료적 관계
의 효과적 검토에 방해가 되는 개인적·사회적 요소를 극복하기 위해
서는 치료자 편의 주도성이 필요하다. 이 주도성은 전이현상에 대한
환자의 주의 집중을 촉진하고 치료 성과에 대한 믿음을 증가시킨다.

전이 확인하기: 전이에 대한 암시

정신역동 지향의 치료자는 잠재적 전이 자료를 분명하게 드러내
어 탐색하고자 한다. 이것은 어려운 과제다. 환자는 자기탐색에 따
르는 불안 때문에 치료자에 대한 반응을 부인하고 그 의미의 중요성
을 평가절하할 수 있다. 전이적인 태도를 자각하고 확인하는 것에
대한 저항은 반드시 전이와 연관된 단서에 대한 저항으로 확장된다.
환자가 전이 태도와 단서를 부인하는 것은 아마도 전이적 태도의 발
생적 기원을 이루는 초기 경험에 대한 이해를 부인하는 것의 반복일
것이다.[15]

치료자는 환자의 전이 감정을 확인하기 위해 환자가 치료 전체와
각 회기에 대해 어떻게 지각하며 치료자의 성격과 행동에 대해 어떻
게 말하는지 주의 깊게 경청해야 한다. 전이 자각을 돕기 위해서는
치료관계와 외견상 관련이 없는 것 같지만 실제로는 전이를 암시하
는 환자의 이야기를 탐색해야 한다.

다른 관계나 상호작용에 대한 환자의 이야기는 지금-여기의 관계

에 대한 상징적인 언급일 수 있다. 전이 감정은 다양하게 위장된 방식으로 전달된다. 예컨대, 그것은 치환(displacement)되어 표현되기도 한다. 치료자를 지배적이고 통제하는 사람이라고 느끼는 환자는 치료자 대신 가까운 친구에 대한 감정을 이야기할 수도 있을 것이다. 친구에 대해 이야기하면서 자신이 통제당하는 느낌을 간접적이고 덜 위험한 방식으로 표현하고 감정을 환기시킬 수 있다. 환자에게는 지금 멀리 있는 그 친구가 바로 여기 있는 치료자보다 덜 위협적인 것이다. 다음 사례는 이런 치환을 간략하게 묘사한다.

청소년인 AB는 대인관계 문제로 치료를 받았다. AB는 상당히 소극적이어서 거의 회피성이라고 할 수 있을 정도였다. 치료 초기에 치료자는 AB에게 친구관계가 어떤지 물어보았다. AB는 처음에는 말을 안 하다가 자신의 친구관계에 대해 이야기하려고 시도하였으나, 마침내 이야기할 만한 것이 없다면서 말을 멈추었다. 그러다가 어떤 학교 친구와 말을 주고받은 경험에 대해 이야기하였는데, 그 친구와 이전에 거의 대화를 해 본 적이 없었기 때문에 매우 힘들었다고 하였다. 처음에는 그 친구와 이야기를 계속 나누려고 하였으나 위축되면서 속으로 자신이 참 모자란다는 느낌이 들었다고 하였다. 환자와의 관계를 마음 한 편에 두고서 그 말을 경청하던 치료자는 자신과 AB 사이에 일어난 일과 AB의 경험 사이에 어떤 유사점이 있음을 보았다. 치료자는 이런 이해를 통해 AB가 자신에 관해 이야기할 때 경험하는 어려움과 감정을 좀 더 분명하게 표현할 수 있도록 도울 수 있었다.

또한 전이 감정은 동일시를 통해 표현되기도 한다. 환자가 자기 자신을 비판하고 무시하는 태도를 보이는 것은 치료자를 비판적이고 처벌적인 사람이라고 느끼는 것을 방어하는 동시에 그것을 위장된 방식으로 표현하는 것일 수 있다. 이런 상황에서 환자는 무의식적으로 느끼는 치료자의 태도를 자기 자신에게 돌린다.

전이 암시에 대한 해석과 논의는 치료에서 전이를 드러내고 좀 더 분명하게 표현할 수 있도록 돕는다. 치료자는 치료 안에서의 모든 의사소통이 전이관계와 어떤 관련이 있음을 염두에 두는 것이 좋다. 이러한 견해에는 상당한 이론적 근거가 있다. Freud는 마음에 떠오르는 것은 모두 이야기해 달라는 요청을 받은 환자는 치료 상황에 내포된 목표에 따라 연상을 하게 되는데, 여기서 목표를 가진 두 가지 주제는 환자 자신의 신경증과 치료자와의 관계라고 하였다.[16] Freud는 또한 환자가 이러한 주제에 정신적 에너지를 쏟지 않더라도 여전히 분석 상황의 영향을 받으며, 이 상황과 무관한 일은 아무것도 환자에게 일어나지 않는다고 보았다.[17]

Ferenczi는 치료자에게 그 자신을 대하는 환자의 태도를 '분석 자료의 핵심'으로 삼고 '모든 꿈, 모든 제스처, 모든 실언, 환자 상태의 모든 악화와 개선을 무엇보다도 전이와 저항의 표현'으로 보라고 권고하였다.[18] 또한 Heimann은 환자가 말을 할 때마다 그 말과 거기에 담긴 치료자에 대한 감정을 관련시켜 보아야 한다고 강조하였다. "환자가 하는 말이 꿈에 관한 것이든 최근의 사건이나 아동기의 경험에 관한 것이든 간에, 분석가의 과제는 이런 것과 분석가에 대한 전의식적이거나 무의식적인 실제 동기를 연결하는 역동적 통로를 알아차리는 것이다."[19]

여기서 강조하고자 하는 원칙은 겉보기에 전이와 관련이 없는 환자의 연상도 치료관계에 대한 암시일 수 있으므로 치료자는 이 점을 마음에 담고 그 내용을 경청하라는 것이다. 그렇게 경청하면서 치료자는 다음과 같은 질문을 자신에게 할 수 있을 것이다. 이 말은 우리 관계의 현 상태와 관련해서 어떤 의미가 있을까? 왜 이 일이 지금 일어나고 있을까? 이에 대해 Strupp와 Binder는 다음과 같이 간결하게 정리하였다.

환자가 직접적으로든—혹은 더욱 중요하게—간접적으로든 어떤 이야기를 할 때 그 언급은 중요한 타인인 치료자에게 주어진다는 사실을 잊어서는 안 된다. 그러므로 환자의 행동 전체에는 치료자에 관한, 그리고 치료자와의 실제적이거나 상상적인 관계에 관한 언급이 언제나 포함된다. 치료자는 이러한 시각을 마음의 중심에 두고 치료 시간마다 펼쳐지는 환자의 삶을 경청하고 그것에 참여하는 일의 길잡이로 삼아야 한다.[20]

다음 사례는 전이 암시와 그에 대한 개입을 보여 준다.

중년의 초등학교 교사인 BT는 자기 주장의 문제를 다루기 위해 치료를 시작하였다. 8회기 때 그는 교장이 학생들과 교사들에게 무신경하다며 강한 분노를 표현하였다. 또한 그는 교장이 일할 때 아주 고지식하고 지나치게 깔끔하다고 말하였다. 치료자는 그의 갑작스러운 분노 표현에 혼란을 느꼈다. BT는 그동안 상당히 조심스럽게 표현하였고 직장 환경이나 교장과의 관계가 만족스럽다고 말하였다. 치료자는 지난 두 회기 동안 그가 이전보다 더 긴장하고 거리를 두는 듯한 느낌을 받았던 것을 생각하였다. BT의 이야기를 들으면서 치료자는 교장에 대한 묘사와 이전에 치료자에 대해 언급한 내용이 유사하다는 점에 주목하였다. 예를 들어, BT는 4회기에 상담실이 정리가 깔끔하게 잘 되어 있다고 말한 적이 있었다. 환자가 자신의 분노의 의미를 더 분명히 자각하도록 돕기 위해, 치료자는 BT가 치료에 대해 언급한 것과 최근 회기에서 보인 행동의 변화를 이야기해 주었다. 처음에 BT는 교장과 치료자에 대한 감정의 유사점을 인정하는 것에 저항하였다. 그러나 단지 감정을 표출한 것만으로는 문제가 해결되지 않음을 깨닫게 된 후에는 자신의 감정이 교장만을 향한 것이 아니었음을 인정하게 되었다. BT는 치료가 진행되면서 점점 치료자가 권위적이고 군림하려 하며 자신을 통제하려 한다는 느낌이 들었다고 하였다. 그는 이런 감정이 첫 회기부터 조금 있었는데, 치료자가 자신과 아내의 관계에 대해 무신경하게 이야기한다고 느꼈을 때 그 감정이 더욱 강해졌다고 말하였다.

BT의 사례는 지금-여기에서의 문제를 암시하는 구체적인 행동을 알아차리는 일이 매우 중요함을 단적으로 보여 준다. 혼란스럽고 자기 패배적이며, 다른 사람과 벽을 쌓는 대인관계 양식이 관계 속에서 구체적인 행동으로 드러날 때, 바로 그런 양식에 초점을 맞출 수 있는 가장 좋은 기회를 얻게 된다. 구체적 행동 양식을 확인하고 조명하는 과정은 치료의 성과와 환자의 자율성을 높여 준다. 전이 주제를 처음 다룰 때는 상당한 정도의 직면이 필요하지만, 이런 주제를 다룰 때마다 그것을 검토하는 환자의 능력은 매번 증가한다. 환자는 좀 더 성숙하고 생산적인 방식으로 관계 맺는 법을 연습할 수 있게 된다. 치료자는 환자와의 상호작용을 통하여 갈등적인 관계 방식과 그 결과를 자각하고 체험하도록 환자를 돕는다.

전이 감정을 이야기하고 확인할 때 치료자는 민감해야 한다. 여기서 치료자의 표현 방식이 중요하다. 환자의 이야기가 잠재적인 전이 감정에 대한 암시라는 확신이 들더라도, 그 이야기가 진정으로 뜻하는 바를 환자에게 곧바로 말한다면 이내 저항에 부딪힐 것이다.[21] 잠재적인 내용이 곧 환자가 진정으로 말하고 싶은 것은 아니다. 환자는 표명된 내용을 진정으로 말하고 있다. 치료자가 파악한 것은 아마도 환자가 특정한 주제에 관심을 보이는 동기 중에는 전이관계를 암시하는 잠재적 의미도 있을 것이라는 점이다. 이렇게 말하는 것과 환자의 진심을 정확하게 아는듯이 말하는 것은 매우 다르다.[15] 전이 감정을 확인하고 명료화하는 더 좋은 방법은 다음과 같은 말로 시작하는 것이다. "우리 치료에만 한정해 놓고 본다면, 당신이 말하는 것은 이런 의미도 있는 것 같다." 또는 "그 이야기를 우리 관계에도 적용해 본다면……"

환자에게 진정한 의미를 말해 주는 것이 틀리다고 하는 데는 또 다른 이유가 있다. 진정한 의미를 이야기한다는 것이 다원결정론의 원리를 무시하기 때문이다.[22] 간략하게 말해서 이 원리는 다양한 원인이 동시에 작용하여 구체적인 반응이나 행동을 가져온다는 것이다. 치료 회기 동안 환자가 내어 놓는 자료의 내용과 순서는 복합적인 동기에 따른 반응이며, 치료자에 대한 감정은 그중 하나일 뿐이다. 치료자가 더 깊은 의미, 환자를 더 혼란시키는 의미, 혹은 더 치밀하게 위장된 의미를 찾아냈다고 하더라도 그 사실이 세계의 이면에 있는 궁극적 진실, 즉 진정한 세계를 치료자가 발견하였다는 주장의 진실성을 보증해 주지는 못한다. 그보다는 현실이 이전에 생각하였던 것보다 좀 더 미묘하고 복잡한 방식으로 구성되어 있음을 잘 보여 주는 하나의 지점을 알게 되었다고 말하는 것이 더 바람직한 표현일 것이다.[3]

전이 자각에 대한 환자의 저항:
실생활의 관심사를 간과한다는 두려움

역동적 심리치료가 가진 하나의 전제는 환자가 대체로 자신의 특징적인 기능 양식과 일치되는 방식으로 상호작용을 한다는 것이다. 그러나 치료적 상호작용에 초점을 두는 것이 치료의 필수 부분이라고 보는 것에 환자가 저항할 때는 문제가 생긴다. 지금-여기에서의 관계를 확인하기 위한 치료자의 시도 때문에 환자는 자신이 호소하

75

는 문제가 간과된다고 여길 수 있다. 환자의 연상과 지금-여기에서의 전이관계를 연결하려는 치료자의 시도를 접할 때, 환자는 치료받고자 한 바로 그 삶의 문제가 무시되고 있다고 생각할 수 있다. 또한 환자는 치료자와의 관계는 언젠가 끝날 것이고 미래가 없는 것이기에 그런 관계를 살펴본다는 것이 의미가 없다고 주장할 수도 있다. 어떤 관계도 영원히 지속되리라는 보장이 없다는 Yalom의 이야기가 그에 대한 답이 될 수 있다. 미래가 없다고 해서 치료관계에서 지금의 현실을 박탈해야 할 것인가?[23] 일반적으로 정신역동적 치료란 그것이 가장 적절하게 적용되는 경우라도 환자의 삶에 직접 개입하는 방법이 아니라는 점을 이해해야 한다. 환자는 치료를 통해 자신에 대해 탐색하고 배우는 기회를 제공받는다. 여기에는 자신의 생각과 감정 및 반응이 어떻게 삶의 문제를 불러일으키는지 살펴보는 것도 포함된다. 이런 학습과 이해가 결국 생활의 구체적인 상황에 적용되는 것이다. Gill은 환자가 이런 치료적 접근에 따른 처음의 불편을 감내한 이후에는 치료자가 어떻게 살아야 하는지 이야기해 주지 않는다는 사실이 자신의 자율성을 지지하는 격려이자 큰 위안이 됨을 알게 된다고 주장한다.[15] 모든 경우에서 가장 효과적인 치료적 태도는 현재의 기능에 대한 환자의 호기심을 자극하고 더 많은 탐색을 격려하는 것이다.

전이적 의미를 강조하는 것이 다른 의미를 부정하거나 축소하는 것은 아니다. 그것은 자료에 포함된 여러 의미 중에서 치료과정에 가장 중요한 부분에 초점을 두는 일이다. 이런 초점을 회피하는 것은 문제의 기본적 토대에 대한 이해 없이 서로 무관해 보이는 문제들을 해결하려고 애쓰는 것이다. 즉, 외부로만 지향된 치료를 하게 될 위험을 가져온다. 그 결과 제기된 문제의 부분적 경감은 있더라도 성격의 구조와 조직에는 아무런 변화도 일어나지 않게 된다.

전이 해소에 대한 저항

이 장의 도입부에서 환자는 (1) 전이적 태도를 인식하고 확인하는 데 저항(전이 자각에 대한 저항)하며, (2) 이러한 태도를 검토하고 포기하는 데 저항(전이 해소에 대한 저항)한다고 지적하였다. 치료자는 우선 환자가 치료적 상호작용에 대해 느끼는 것에 주의를 기울이고 그에 대해 이야기를 나누도록 돕는다. 이는 교육과 모델링을 통해서그리고 지금-여기에서의 전이 감정을 자각하는 것에 대한 저항을 해석함으로써 이루어진다. 즉, 저항을 분석하여 전이가 펼쳐지도록 한다. 이제 환자는 좀 더 쉽게 치료자에 대한 반응과 상호작용에 주의를 기울이고 논의하게 된다. 환자가 점진적으로 환자-치료자 상호작용에 초점을 맞출 수 있게 되면, 치료적 관심은 전이적 요소의 이해, 훈습, 해결로 향하게 된다. 그러나 환자는 불안하여 전이 자각을 어려워하였던 것처럼 전이적 태도와 행동을 포기하는 데도 많이 주저한다. 전이의 발달과 표현에 저항하였던 것(전이 자각에 대한 저항)처럼 전이의 분석과 해결에도 저항(전이 해소에 대한 저항)하는 것이다.

환자는 전이의 해소와 분석, 그리고 치료자와의 상호작용 양식의 수정에 저항한다. 그것은 이 양식이 타인과 관계를 맺을 때 믿을 만하고 틀림없는 수단이 되었기 때문이다. 이 상호작용 양식은 의식적으로나 무의식적으로 안전의 욕구를 최대한 만족시키는 관계 양식을 만들고 재현하기 위해 사용된다. 그러나 전이의 분석은 경직된 관계 양식에 도전한다. 치료자가 변화에 대한 환자의 저항을 확인하고 훈습하려 할 때, 환자는 치료자를 심리적 생존에 대한 잠재적인 위협자로 볼 수 있다. 환자는 대인관계의 안전을 지켜 주었던 반응과 상호작용의 양식을 (무의식적으로) 감히 제거할 수 없기 때문에 방어적인 노력을 강화하거나 동일한 목적을 가진 다른 방법을 사용하기도 한다. 그들은 세상을 보는 자신들의 시각에 끈질기게 집착한다. 그래서 그 시각에 따라 중요한 타인, 특히 치료자와의 현재 경험을 구성하려고 한다.[2] 이 같은 끈질긴 집착은 비록 고통스럽고 자기 패배적이더라도, 불안을 최소화하고 자존감과 품위와 일상생활을 유지하게 하는 방법을 알고 있다는 환자의 신념의 표현으로도 볼 수 있다. 이러한 태도는 대안적 삶의 방식에 대한 불신과 삶에 대한 다른 접근이 자존감을 파괴할지도 모른다는 강력한 두려움을 반영하는 것이다.[24] 전이 반응에 매달리고 전이 해소에 저항하는 것은 환자가 자기 자신과 현재의 순간, 그리고 그것을 촉발한 자신의 책임을 직면하는 것에서 도피하려는 것이다.

기억하기(그리고 자신을 직면하기)에 대한 저항

Freud는 치료자에 대한 전이를 병인적인 무의식적 콤플렉스 드러내기와 기억하기에 대한 일종의 저항으로 보았다. 전이는 행동으로 기억에 저항하는 것이다. 고통스럽고 갈등적인 관계를 회상하거나 생각하는 대신 그 관계를 치료자를 대상으로 하여 경험하고 행동으로 옮긴다. '반복하려는 강박이…… 기억하려는 충동을 대신한다.'[25]

환자는 치료자에 대한 긍정적이거나 부정적인 모든 감정이 지금-여기에서의 치료 상황으로 설명되고 정당화된다고 주장하면서 기억하기에 저항한다. 예를 들어, 환자는 사람을 불신하고 자신을 드러내지 않는 상호작용 양식을 가리기 위해 치료자가 적절한 질문을 하지 못하거나 치료자 자신에 대해 이야기하지 않기 때문이라고 말한다. 여기서 환자가 내린 주관적 결론은 자신이 이해해야 할 과거 대인관계 양식의 맹목적인 반복이 없다는 것이다.[3]

환자가 무의식적으로 자신의 심리내적 세계의 시나리오를 지속적으로 실행하는 동시에 그 시나리오가 지금-여기의 현실에 완전히 부합되는 것으로 보고 싶어 한다는 점에서 전이는 곧 저항이라고 할 수 있다. 그것은 현재의 대인관계 문제에 역사적 요소가 있다는 관점에 대한 저항이다. 사람에 대한 반응이 어느 정도 과거의 학습으로 결정될 수 있다는 가능성을 별로 생각하고 싶어 하지 않는 이런 태도는 대인관계 학습의 주요 장애물이 된다. 자신이 과거에 배운 태도와 반응을 현재 관계에 끌고 들어온다는 점을 직면하고 싶어 하지 않는다면, 자기 문제의 발생에 자신이 기여하고 있을 가능성을 탐색한다는 것은 매우 어려운 일이다.

협력과 성숙한 상호작용(그리고 지금 이 순간을 직면하는 것)에 대한 저항

전이 행동은 치료자와 좀 더 성숙하고 협력적으로, 그러나 과거 학습의 영향 때문에 불안이 좀 더 많이 유발되는 방식으로 관계를 맺는 것에 대한 저항이기도 하다. 환자는 지금-여기에서의 관계에 수반되는 불확실성을 직시하기보다는 치료자와의 관계를 다루기 위해 과거의 대응 전략을 반복한다. 이러한 전략은 환자의 문제를 다루는 데 필요한 진정한 협력을 이루는 능력을 손상시킨다. 전이적 태도 때문에 환자는 치료에서 자신의 문제를 이야기하기가 어려워진다. 예를 들어, 비판적 태도를 투사하게 되면 상대방의 비난이 두려워 자신을 드러내기가 어려워진다. Freud는 이 가능성에 주목하였다. "만약 환자가 자유연상에 실패한다면 그 순간 환자는 의사 혹은 의사와 관련된 어떤 것에 대한 연상의 지배를 받고 있음이 분명하다. 그런 확신을 가지면 연상의 장애를 틀림없이 제거할 수 있다."[26]

자율성(그리고 책임을 직면하는 것)에 대한 저항

전이 반응을 검토하고 대안적인 행동 방식을 생각해 보는 것에 대한 거부는 생각과 감정을 선택하는 데 따르는 책임을 지고 싶지 않다는 저항의 표현이다.[24] 이것은 개인적 갈등과 그 갈등이 일어나도록 자신이 한 역할, 그리고 비록 신경증적이고 자기 패배적이기는 해도 안전감을 주던 행동 양식을 포기하는 데 따르는 불안 등을 직면하지 않으려는 도피다. 환자의 책임 회피는 종종 치료의 근본적 문제가 된다. 어떤 사례에서는 이것이 핵심적 특징을 이룬다. 다음의 예를 보자.

환자(NB)는 우울증과 만성적인 고립감을 호소하였다. 치료 초기에 그녀는 치료를 받고자 한 주된 동기가 냉담하고 거리를 두며 관심을 보이지 않는 사람들을 대하는 방법을 배우는 것이라고 하였다. 치료가 진행됨에 따라 치료자는 빈정거리고 짜증 부리는 NB의 태도로 말미암아 그녀에게 가까워지기가 매우 어렵다는 것을 점점 더 분명히 알게 되었다. NB는 교양 있고 엄격하고 예의바른 사람이었지만, 치료자의 복장이나 말하는 방식의 사소한 결점들을 자유롭게 지적하였다. 그리고 치료자의 의견을 자주 무시하였고, 치료자가 실제로 별 도움이 되지 않는 것 같다는 이야기를 하였다. NB는 처음에는 치료자와의 관계를 탐색하는 데 주저하였다. 그러나 NB가 다른 사람에게서 느꼈던 똑같은 (예컨대,

81

거리를 두고 관심을 두지 않는다는) 불만을 치료자에게 가지기 시작하면서 주저하던 태도는 해결되었다. NB는 자신과 치료자의 관계 맺는 방식에 대한 세심한 탐색과 논의를 통해 자신의 양식이 어떻게 고립감과 거리감을 일으키는지 알게 되었다. 사람들을 대하는 태도가 치료자를 대하는 양식과 유사하다는 점을 알게 되면서, 그녀는 대인관계에서 느끼는 고통에 대해 다른 사람에게 모든 책임을 돌리기가 점점 더 어려워졌다. 이러한 작업을 통해 NB는 자신의 삶의 상황을 만드는 그녀 자신의 역할에 대해 책임을 질 수 있게 되었다. 이를 위해 그녀는 외재화, 투사적 방어, 그리고 그것들이 제공하는 안전감(비록 부적응적이기는 하지만)까지도 포기해야 했다.

치료가 진행되면서 환자는 자기가 자신의 인생에 책임을 지고 삶을 창조해 나간다는 사실을 점점 더 많이 알게 된다. 이런 자각은 여러 가지 감정을 불러일으킨다. 바로 희망(나는 나의 세계를 만든다, 나는 그것을 바꿀 수도 있다), 불안(내게는 생각했던 것보다 더 많은 힘이 있지만, 내가 잘해 나갈 수 있을지 모르겠다), 자아의 위축(이제는 더 이상 내 문제를 다른 사람 탓으로 돌릴 수 없다), 때때로 슬픔(나는 나의 삶에 대해 책임이 있기 때문에 노력과 대가 없이 양육과 보살핌을 받고 싶은 아동기적 소망을 포기해야 한다)과 같은 감정을 일으키는 것이다.[23]

제3부

치료자의 저항

05

지금-여기에서의
전이 분석에 대한 치료자의 저항

치료자가 전이를 다루려고 하지 않거나 다룰 능력이 없는 것이
아마도 심리치료의 실패를 가져오는 가장 흔한 이유일 것이다.
그 결과 치료는 과거와 현재의 외부 상황을 탓하며, 지루하게 반
복해서 증상을 나열하는 일이 된다.

Michael Basch, 1980, p. 40

정신역동적 기법의 역사를 살펴보면, 환자와 치료자 사이의 지금-여기에서의 전이관계에 대한 이해와 훈습에 적극적으로 초점을 맞추어야 한다고 주장하는 꽤 많은 이론적 논의를 발견할 수 있다. 1912년 Freud는 치유의 도구로 전이를 다룰 것을 강조하였다.[1] 전이는 숨겨진 갈등을 되살아나게 하고 그것을 훈습하기 위한 자리를 마련하는 데 핵심적인 역할을 하는 것으로 평가되었다. 1925년 Rank와 Ferenczi는 분석 기법에 대한 그들의 고전적 저서에서, 환자가 치료자와의 관계에서 부적응적 양식을 다시 체험하고 그것의 부적절성에 대해 인식하는 것이 중요하다고 크게 강조하였다.[2] 그로부터 얼마 후 Strachey 역시 지금-여기에 초점을 두는 것의 중요성을 강조하였다. 그는 다음과 같이 기술하였다.

먼 과거의 갈등, 즉 이미 죽은 환경과 박제가 된 사람과 관련이 있고 그 결과가 이미 결정되어 버린 것을 다루는 대신에, 우리는 실제적이고 즉시적인 상황 속에 우리 자신이 놓여 있음을 본다. 이 상황에서는 우리와 환자가 주인공이고 우리가 그 상황의 전개를 어느 정도 통제할

수 있다.[3]

더 최근에는 Bion이 "정신분석적 관찰은 이미 일어났던 일이나 앞으로 일어날 일에 관한 것이 아니라 지금 일어나고 있는 일에 관한 것이다"라고 하였다.[4]

지금-여기에서의 전이를 이해하고 해결하는 데 대한 많은 관심에도 불구하고, 이를 위한 작업은 종종 경시되고 있다. 그 이유는 무엇일까? Wachtel은 지금-여기에서의 전이관계가 환자의 현재 생활에 어떤 역할을 하고 있는가보다는 과거와 관련하여 그것이 무엇을 의미하는가에 Freud의 관심이 더 쏠려 있었다는 점에 주목한다.[5] Gill은 Freud의 사례사들이 분석과정의 세부 사항보다는 분석의 결과에 중점을 두기 때문에 전이에 대한 작업보다 전이 이외의 작업을 강조하는 것으로 오해받는 것 같다고 가정한다.[6] 나아가 그는 분석가 집단이 지금-여기에서의 전이 분석의 역할을 강조하기를 주저하는 것은 이런 강조가 통찰의 역할을 위태롭게 하고, 또 대인관계적 영향과 암시에 따른 치료를 변화의 중요한 요인이라고 주장하는 것이 될까 봐 두려워하기 때문이라고 보았다.[7]

Lipton은 분석가들이 심리치료에서 대인관계 경험을 중요시하지 않는 것은, 만약 이를 강조하면 교정적 정서 체험을 만들기 위해 전이를 조작하는 Alexander의 기법과 유사한 기법들에 길을 터 줄 것이라고 걱정하기 때문이라고 보았다.[8] Alexander는 치료자와의 대인관계 경험이 초기 양육자와의 관계에서 학습한 옳거나 틀린 태도를 강화한다고 가정하였다. 그는 이런 경험을 촉진하기 위해서는 치료자가 특정한 전이 반응을 적극 장려해야 하며, 특정한 치료적 역할(예를 들면, 비판단적인 아버지 역할)을 환자에게 해야 한다고 제안하였다. 그의 연구는 당대의 분석가 사이에 일대 소용돌이를 일으켰다. 그가 제안한 내용은 지나치게 조작적이고 통제적인 것으로 보였다. 1940년대 후반에서 1950년대 초반에 이르는 시기에는 분석 기법의 중립성과 엄격한 해석을 더욱 강조하는 경향이 있었다. 이것은 부분적으로는 환자의 재학습을 위해 특정 형태의 전이관계를 촉진하자는 Alexander의 제안에 대한 반작용으로 평가된다.

이런 이론적 이유 외에도 치료 상황에서 실제로 경험하는 것 때문에 지금-여기에서의 작업을 회피할 수 있다. 지금-여기를 다루는 것은 감정이 실리고 혼란스러운 상호 교류에 개입될 가능성을 포함한다. 환자와 치료자 모두 그들 관계의 어떤 측면을 인식하고 다루는 데 주저할 수 있다. 두 사람 다 이러한 상호작용이 불안을 가져올 것으로 보기 때문에 피하고 싶어 하는 것이다. 환자와 치료자는 무의식적으로 공모하여 둘 사이의 관계에 초점을 맞추는 것을 피하고, 그 때문에 생길 불안과 불편함을 피하고자 할 수 있다. 그 결과 환자의 문제를 체험이 빠진 지적인 차원에서만 이해하게 된다. 이러한 피상적인 통찰은 진실한 정서적 관여와 그것이 가져올 근본적인 변화를 희생함으로써 얻는 것에 불과하다.

환자들이 지금-여기에서의 전이 관련 주제를 다루는 것에 저항할 뿐 아니라 치료자도 지금-여기를 다루는 것에 저항하고 있음을 알아야 한다. 이러한 저항적 행동의 기저 동기는 복잡하지만, 대개는 환자와 치료자의 관계를 지금-여기에서 탐색함으로써 경험하게 될 정서가 불편하기 때문이다. 이제 이러한 동기의 특성을 살펴보자.

지금-여기에서의 강렬한 정서에 대한 회피

> 나처럼 인간의 가슴 속에 존재하는 절반쯤 길든 악마의 지극한 사악함을 불러내어 그것과 싸우려고 하는 사람이라면, 그 누구라도 상처입지 않고 그 싸움에서 이기기를 바라서는 안 된다.
>
> Sigmund Freud, 1905, p. 109

치료자가 전이 표현의 논의를 두려워하는 것은 역동적 접근에서 치료의 정체를 가져오는 가장 중요한 원인이 된다는 주장이 있다.[9] 치료자는 지금-여기에서의 작업을 통해 마주하게 될 정서를 피하기 위해 이 작업에 저항한다. 직접적이고 즉각적인 상호 소통에 대한 두려움은 때때로 매우 강렬해서 치료자가 이런 소통을 피하게 만든다. 그래서 과거지향적인 발생적 해석을 하거나 오로지 치료관계 밖의 (전이 문제가 아닌) 내용 중심적인 문제에만 초점을 둠으로써 두 사람 사이의 관계에 대한 논의를 피하는 것이 치료자 입장에서 더 편할수 있다. 결과적으로 치료자는 자신과 환자 사이에 생기는 현재의 어려움을 회피하게 된다. "관심을 …… '외부' 현실에 둠으로써 즉각적으로 일어나는 일에 대해 방어하는 것이다."[10]

Strachey는 환자-치료자 관계에 대한 직접적이고 변화 촉진적인 해석을 하기 위해서 치료자가 반드시 극복해야 할 특별한 어려움이 있음을 지적한다. 여기서 어려움이란 지금-여기에 관한 언급이 자신을 위험에 빠뜨릴 것이라는 치료자의 무의식적인 지각을 일컫는다. 관계에 대한 언급을 할 그 순간이 왔느냐 아니냐를 결정하기가 어렵다는 이유로 치료자 자신의 저항을 합리화하는 경우도 있을 것이다. 예컨대, 치료자는 불안을 유발하는 주제를 탐색하기 전에 신뢰를 쌓을 시간이 더 필요하다는 결정을 내릴 수 있다. 그러나 Strachey는 그 이면에 지금-여기에서의 전이 해석을 하는 것에 대한 두려움이 숨어 있다고 말한다. 치료자는 전이 해석이 아닌 다른 것, 예컨대 질문을 하거나 조언을 주고 지시를 하거나 이론적인 논의나 비전이 해석을 하고자 하는 끝없는 유혹에 노출되어 있다.

이 모든 것은 변화 촉진적 해석을 제공하는 것이 환자뿐 아니라 치료자 자신에게도 매우 중요한 일이며, 또 그렇게 함으로써 그가 자기 자신을 상당히 큰 위험에 노출시키게 됨을 강하게 시사한다. 이것은 해석을 하는 바로 그 순간, 사실은 환자의 원초아 에너지를 의도적으로 불러내고 있다는 것을 생각해 보면 이해가 될 것이다. 그 에너지는 생생하고 실제적이고 명백하며, 바로 치료자를 겨냥하고 있는 것이다.[11]

전이를 다루려는 환자의 자발성은 치료자가 그 작업을 얼마나 편안하게 느끼는가와 밀접한 관련이 있다. 환자는 치료자의 불안을 금

방 포착한다. 환자는 치료자가 자신의 공격성이나 유혹을 견딜 수 있다고 느껴야 한다. 그렇지 않으면 그것을 공유하지 않을 것이다.[12] 치료자 편에서 지금-여기에서의 정서를 다루는 데 불편함을 느낀다면, 그것은 환자에게 그런 감정은 두렵다고 말하는 일이며, 그것을 억제하고 억압해야 한다고 암묵적으로 부추기는 일이다. 이는 환자가 감정을 행동화하거나 다른 대상으로 전치할 가능성을 증가시킨다.

환자의 탐색이 주는 불편함

환자에게 치료적 관계에서 느끼는 감정을 살펴보라고 요청할 때, 그리고 자신의 느낌을 언급할 때, 치료자는 자신을 환자의 감정과 환상 및 지각의 대상으로 제공하는 데 따르는 불편감과 불안에 직면하게 된다. 그리고 이 일은 치료자에게 자존감과 자기상의 위협이 될 수도 있다.[13] 치료자에 대한 환자의 지각은 통찰력 있고 매우 예민할 수 있다. 자신에 대한 자세한 탐색을 참을 수 없는 치료자는 지금-여기를 다루는 작업이 어렵다고 느끼는데, 특히 환자가 치료자의 실제 약점을 찾아내기라도 하면 더욱 그렇다. 치료자는 자아가 상처 입는 이야기를 들으며 힘든 시간을 보낼 것이다. 이런 염려로 환자와 치료자 사이에 잠재적인 갈등의 소지가 있는 부분에 대해 잘 탐색하지 못하거나, 탐색을 하더라도 환자의 특정 반응을 통제하거나 제외하는 방식으로 할 것이다. 역전이 저항은 이렇게 환자가 무

슨 말이든 다 할 수 있도록 치료자가 허용하기 어려울 때 쓰는 표현이다.[14]

갈등의 중심인 치료자

지금-여기에서의 작업에는 치료자의 저항을 촉발하는 또 다른 특성이 있다. 전이 반응을 촉진하고 그것을 기꺼이 다루고자 할 때, 치료자는 자기 및 타인과 관련된 환자의 갈등 한가운데로 걸어 들어가게 된다.[15] 환자의 반복되는 심리내적·대인관계적 투쟁에 참여하는 것은 치료자에게 강력한 체험이 된다. Glover는 "환자의 갈등의 근거가 외부 상황이나 증상으로 드러나는 내적 부적응에서 분석 상황 자체로 옮겨간 이 단계에서 분석가의 반응이나 정신분석의 근본적 진실에 대한 분석가의 확신이 가장 혹독하게 검증받는다"라고 주장한다.[16]

정신역동적 치료가 가진 치료의 틀은 전이 감정의 발달을 촉진한다. 강하고 불가항력적이며 때로 혼란스러운 이 감정은 면밀히 탐색되고 논의되고 분석되어서 바른 조망에 이른다. 이 감정은 치료자에게 향하며, 그때 우리는 그것을 다룰 수 있다. 환자의 투쟁에 대한 이런 참여는 환자가 투사적 동일시를 통해 그의 내적 대상 세계를 외재화하려고 시도할 때, 환자의 내사를 간직하고 버텨 주는 치료자의 능력에 커다란 압력을 가한다. 이때의 부담은 탐색의 주제가 과거의 것이거나 치료 장면 밖의 것일 때보다 훨씬 크다. 지금-여기에서의 갈등을 분석하고 훈습하면서 겪게 되는 소진감은 대단하다. 이것이 치료자가 전이 작업에 저항하는 주된 이유가 된다.

치료자의 방어

> 인간의 마음속에서 자유로워지기 위해 투쟁하는 모든 억압된 충동에 지속적으로 몰입하는 것이 때로는 지금까지 억제되어 왔던 모든 본능적 욕구를 분석가 자신에게서 맹렬히 일깨운다고 하더라도 이는 전혀 놀라운 일이 아니다.
>
> Sigmund Freud, 1937, p. 402

치료자는 지금-여기를 다루는 작업이 그들 자신의 방어 구조에 긴장을 가져오기 때문에 그 작업에 저항한다. 작업이 진척되는 정도는 지금-여기에서의 소통에서 발생하는 정서를 견딜 수 있는 치료자의 역량에 달려 있다. 치료자는 자신의 성적·공격적 충동의 중립화 및 통제와 관련된 두려움 때문에 지금-여기에서 경험하는 정서에 저항한다. 지금-여기를 다루는 과정은 정서의 고조를 가져오는데, 이것이 치료자의 개인적 갈등 영역을 자극할 수 있다. 만일 치료자가 갈등을 건설적으로 다루는 방법을 배우지 못하였다면 이것이 문제가 된다. 특히, 대인관계 갈등이 매우 심한 환자를 치료할 경우에는 더욱 그렇다. 이런 환자와의 상호작용은 치료자의 적응적 방어를 강하게 압박하여 자아 퇴행과 이전에 이미 충분히 다룰 수 있었던 갈등의 행동화를 가져올 수 있다.[17] 환자와 함께 특히 힘든 치료적 곤경을 논의하고 훈습하려고 할 때, 치료자는 이런 갈등을 과연 건설적으로 다룰 수 있을지 혹독하게 검증받을 것이다. 이런 경우 치료자는 감정이 고조된 현재의 즉시적 상황에서 과거 관계의 탐색으로 주의를 돌림으로써 자신의 적응적 방어에 가해진 강한 압력에서 도피하려는 노력을 부지불식간에 할 수 있다.

때로 치료자에게는 지금-여기에서의 전이 출현에 초점을 두는 것보다 과거의 뿌리를 찾는 일이 더 편하다. 전이에서 과거로 도피하는 것은 환자와 치료자 모두에게 안도감을 줄 수 있다.[6] 치료자는 강렬한 전이가 주는 자극으로부터 자신을 지키기 위해 정서적인 거리와 적당한 정도의 치료관계를 유지하고자 한다.[12] 이와 같은 전략은 일시적으로는 상황을 진정시킬지도 모르지만 대체로 전이 자료의 훈습을 어렵게 만든다.

치료자의 자신감

치료자는 환자에게 도움을 줄 수 있을지 확신하지 못하기 때문에 지금-여기를 다루는 작업에 저항한다. 환자의 회기 내 행동 특성에 대해 언급하고 환자와 치료자의 상호작용 범위 안에서 그것을 탐색하려고 하는 치료자의 자발성은 두 사람의 관계를 깊게 하며 환자의 궁극적인 행복에 대해 일부 책임지고자 하는 치료자의 의지를 전달한다. 이는 두 사람이 관계를 만들어 나가는 방식에 어떤 변화를 가져올 수 있다는 치료자 자신의 능력에 대한 어느 정도의 자신감을 요구한다. 예컨대, 성격 구조는 원래 바뀌지 않는다는 신념을 가진 치료자는 전이 행동의 분석보다는 지지, 조언, 격려를 더 많이 할 것이다. 유사한 맥락에서 치료자는 대인관계 변화의 가능성 자체는 믿지만 개인적 관계의 변화에 영향을 미칠 수 있는 자신의 능력에 대해서는 회의적일 수 있다. 이러한 감정은 환자와의 관계에 적용되어, 지금-여기가 아닌 외부나 과거의 사건에 더 많은 에너지를 쏟게 만든다. 이때 '나는 우리 관계에서는 당신이 지금과 다르게 느끼도록 도와줄 수 없을 것 같습니다. 하지만 다른 관계에서는 그렇게 되도록 도울 수 있을 것 같습니다' 라는 메시지가 환자에게 전달된다.

지금-여기에 초점을 맞추는 것은 친밀한 상호작용에 대한 관심, 그 상호작용을 개선할 가능성, 그리고 치료자가 그것의 개선을 촉진할 수 있다는 인식을 전달한다. 만일 치료자가 이러한 작업에 대해 확신이 없거나 부적절하다고 느낀다면(혹은 만일 치료자가 현재의 상호작용 양식에 만족하거나 그것을 가장 편안하게 느낀다면), 그는 지금-여기에 초점을 맞추지 않을 것이다. 환자의 저항 전략을 직접적으로 다루는 것은 변화를 이끌어 내는 데 실패할 가능성을 감수하는 일이다. 바로 자신과의 관계에서 펼쳐질 환자의 적응 및 방어 유형을 극복하려고 애써야 하는 상황에서는 치료자 자신의 능력에 대한 의구심이 커지게 마련이다.

지금-여기에서의 작업을 피하는 것을 옹호하기 위해 치료자들이 내놓는 또 다른 이유는, 그렇게 초점을 맞추는 것이 환자에게 유혹으로 비춰질 수 있으며, 오해받고 잘못 해석될 여지가 있다는 것이다. 이런 입장은 치료관계를 일종의 사회적인 관계로 보려는 경향성의 결과다.[18] 보통의 사회적인 관계에서는 다른 사람에 대한 감정, 태도 및 반응을 자세하게 탐색하는 것은 부적절하며 위협적이거나 과도하게 자극적인 것으로 간주될 수 있다. 그러나 치료에서는 그와 같은 탐색이 변화과정의 결정적인 부분이 된다. 치료관계는 무엇보다 다른 관계의 축소판으로 간주하는 것이 바람직하다. 객관성, 공감, 중립성이라는 안전한 피난처에서 환자는 보다 깊은 이해에 도달하며, 새로운 반응과 상호작용 방식을 연습할 수 있는 기회를 제공받는다.

부정적인 감정의 회피

> 분석가가 증오의 대상이 되는 것을 피할 수 있는 방법은 없다. ……
> 무엇보다 분석가는 피분석자에 대한 모든 것을 이해하려고 하기 때문에 미움을 받게 된다. 그와 같은 행동은 현 상태를 위협하며 일종의 공격으로 경험되기 때문이다.
>
> Roy Schafer, 1983, p. 155

환자의 부정적인 감정* 표현을 참는 것이 불편하고 별로 그러고 싶지 않다면 치료자는 지금-여기에 초점을 두는 것을 피하게 될 것이다. 치료자가 환자의 적대감, 분노, 요구적인 태도 등을 참지 못하는 것은 임상에서 흔한 문제다. 치료에 대한 환자의 적대적 반응을 효과적으로 분석하지 못하면 부정적인 전이 감정이 해결되지 않은 채로 남게 된다. 이것은 흔히 치료가 조기에 종결되거나 지지부진해지는 원인이 된다.[15] 치료자가 환자의 부정적인 감정의 대상이 되는 것은 피할 수 없다. 그러나 분석이 불가능할 정도로 환자에게서 적대적인 반응을 불러일으키거나, 그 주제를 피하면서 환자에게 계속 그것을 억압하게 하는 방법은 많이 있다.[12] 부정적인 정서를 참는 게 어려운 치료자는 차츰 주로 고마워하는 태도의 환자만 보게 된다. 이런 치료자들은 대개 지나치게 지지적이고 양육적인 태도를 보인다. 그들은 환자의 전화나 추가 회기 약속에도 남달리 허용적이다. 환자의 공격성과 적대감을 거의 지적하지 않으며, 환자가 분노를 느끼기 어렵게 만드는 행동을 한다.[19] 결국 부정적인 정서를 피하고 긍정적인 분위기로 상호작용하는 일에만 몰두하여 지나치게 만족을 주는 관계가 의식적으로나 무의식적으로 조장된다. 이런 관계가 주는 만족은 부정적인 정서를 억제 혹은 억압하도록 하며, 대신 그것을 다른 대상에게 전치시키도록 한다.

---

* 부정적인 감정이란 분노, 적대감, 매달림, 좌절, 실망과 같은 감정을 말한다. 우리는 여기서 그런 감정이 나쁘고 수용될 수 없으며, 치료 시간에 내보이지 않도록 제거해야 한다고 경멸하는 태도로 말하는 것이 아니다.

부정적인 감정의 원천

지금-여기를 다루는 치료자는 환자의 부정적인 감정을 다룰 준비를 해야 한다. 이러한 부정적 감정은 다양한 근원에서 나온다.

(1) 환자는 초기 위기에 대한 잘못된 반응에서 유래되어 오래도록 억압해 온 분노를 가지고 있을 수 있다.[20] 치료자에 대한 환자의 적대감은 비공감적이거나 적대적인 어른의 결함에 대해 가졌던 반응이 전치된 것일 수 있다. 환자는 치료를 고통스러웠던 과거 경험과 유사한 것으로 해석하고 적대적으로 반응한다.

(2) 환자는 치료자의 실패에 반응하고 있을 수 있다. 훈련과 슈퍼비전의 부족 혹은 역전이 문제 때문에 치료자는 환자의 욕구를 정확하게 이해하고 공감적으로 조율하는 데 실패할 수 있다.

(3) 환자는 지금-여기를 다루는 작업이 자신의 방어와 저항 전략을 파고들기 때문에 적대적으로 반응할 수 있다. 이 작업은 환자에게 회피하고 싶은 자료를 직면시키기 때문에 분노를 유발한다. 안전을 유지하는 방법—자기, 타인 및 세상에 대한 관점—이 도전받을 때 적대적(방어적) 반응이 나타난다.

(4) 환자는 고통에서 해방되고 싶은 소망이 빨리 충족되지 않거나 기대하였던 방식으로 충족되지 않을 때 부정적인 감정(실망, 좌절)을 나타낼 수 있다. 환자는 치료자에게 자신의 문제를 이

야기하고 치료자가 지시하는 대로 하면 나을 것이라는 전의식적인 기대를 가지고 치료에 임한다. 대부분의 사람에게는 삶의 문제를 모두 해결해 주는 전능한 부모상에 대한 소망이 있는데, 치료자-환자 관계의 구조가 특히 이를 자극한다. 이 소망은 대개 충족되지 않으며, 결국 환자는 치료자에 대해 실망과 좌절감을 느낀다.

(5) 환자의 좌절감의 또 다른 근원은 신경증적 대인관계 시나리오에 지나치게 개입하는 것을 피하고자 하는 치료자의 시도와 관련이 있다. 환자가 자신의 내적 프로그램에 근거하여 예상하였던 바와 다르게 치료자가 반응할 때 환자는 좌절감을 느낀다.[21] 만약 예상하였던 대로 치료자가 반응하였다면, 환자는 자기 패배적인 이 전략이 자신의 환경을 예측하고 통제할 수 있도록 해 준다고 안심하였을 것이다. 비록, 고통을 안겨 주는 반응이라고 해도 예측하였던 반응을 유발할 수 없을 때 환자는 종종 큰 불안을 느끼고 좌절과 분노를 경험한다.

치료자는 어렵고 당혹스러운 상호작용이 치료동맹의 발전을 저해할 것 같아 부정적인 정서의 탐색을 꺼릴 수 있다. 그러나 사실은 그 반대가 현실을 더 잘 반영하는 것 같다. 즉, 치료자가 치료적 상호작용의 힘든 측면에 직면하지 못하는 것이 오히려 치료의 교착 상태를 가져오는 것이다. 치료자를 불신하는 적대적인 전이 요소의 출현을 치료 초기에 직면하지 않으면 치료동맹은 발달하기 어렵다.[17]

환자와 치료자의 협력을 방해하는 것에 초점을 맞추지 않으면, 치료는 환자의 부적응적이고 자기 파괴적인 전형적인 반응 방식에 휘둘리게 된다. 이런 문제를 회피하면 (심리내적 지향을 가진 치료가 아닌) 문제해결 중심적이고 외부 지향적인 치료가 된다. 이러한 치료는 문제해결에는 도움이 되지만 성격 변화에는 거의 영향을 미치지 못한다. 비슷한 문제에 일반화할 수 있는 대처 전략의 학습이 빠져 있는 것이다.

환자는 비록 저항할 때도 있지만 어려움을 극복할 수 있도록 치료자가 전문적인 지도를 해 주기를 바란다. 치료자가 환자의 부정적인 반응에 대해 논의하지 못하면 환자에게 자신이 무능하거나 너무 두려워서 그런 자료를 다룰 수 없다는 메시지를 전달하게 된다. 환자는 그런 감정을 피함으로써 치료자의 메시지에 순응할 수 있고, 결과적으로 피상적인 치료를 받게 된다. 혹은 환자는 도망가거나 위축되거나 이전보다 더 도전적으로 나올 수 있다.[22] 그리고 보다 깊은 수준에서 자신과 타인의 공격성에 대한 두려움이 타당하다는 결론에 이른다.

> 심리치료자로서 경력을 쌓고자 할 때 과소평가하기 쉬운 한 가지 요소가 있다면, 그것은 치료적 도움을 주고자 하는 과정에서 받게 될 적대감과 거부의 정도일 것이다. 도움이 되고자 하는 진심 어린 노력과 직관의 나눔, 그리고 많은 인내와 관용의 표시에 대해 환자가 보이는 공공연한 거부에서 치료자는 개인적인 통합과 자기가치감에 큰 위협을 느끼게 될 것이다. 이 모든 것을 환자에게 주어도 그는 여전

히 치료자가 부적절하고 문제의 핵심에 이르지 못하며 인정이 없다고 단호하게 선언할 것이다.

Sheldon Roth, 1987, pp. 1-2

역전이 회피하기

우리 대부분에게는 역전이 감정을 회피하고 부인하려는 경향이 있다. 이것은 몇 가지 요인에 근거하고 있다. 무엇보다 이런 회피는 충동 자체의 본성에 기인한다. 환자와의 관계에서 우리가 억압하는 것은 어떤 경우에도 우리 자신에게서 보고 싶지 않은 근친상간적이고 도착적이며 질투에 불타고 복수하고자 하는 욕망이다. 또한 이러한 부인을 우리가 용납하는 것은 이것이 치료자란 어떤 사람인가에 대한 생각, 즉 매우 비현실적이지만 사회적으로 인정되고 있는 이미지(침착하고 분노도 욕망도 없으며 성숙하고 신경증적인 면을 찾기 어려운 사람이라는 이미지)에 부합하기 때문이다.

Winslow Hunt & Amnou Issacharoff, 1977, pp. 100-101

역전이란 치료과정에서 생기는 환자에 대한 정서적 반응을 말한다. 이런 반응은 치료자의 해결되지 않은 갈등 혹은 환자-치료자의 상호작용, 특히 환자의 갈등적인 대인관계 전략이 치료자에게 미치는 영향에서 생긴다. 초기 역동적 이론에서는 역전이 반응은 분석가의 중립성을 해치는 것으로 간주되었기에 그것을 경계할 필요가 있었다. Freud 자신도 환자들이 그에게 말하지 않았으면 하는 것이 많다는 사실을 관찰하였다.[14] 그는 환자가 강렬한 부정적 혹은 성애적 전이 상태에서 그에게 상보적인 감정을 불러일으킬 때, 자신이 그 느낌을 회피하고 싶어 한다는 것을 알았다. 그런 감정의 각성과 뒤이어 일어나는 그 감정에 대한 방어가 환자와 자유롭게 작업할 수 있는 능력을 위태롭게 한다고 보았다.

역동적 이론이 발전함에 따라 환자와 치료자 관계의 대인관계적이고 상호작용적인 요소에 대한 관심이 증가하였다. 치료자를 단지 중립적인 인물로 보는 것이 아니라 환자의 대인관계적이고 심리내적인 기제를 보여 주는 일종의 지표로도 보기 시작하였다. 또한 환자의 갈등적인 대인관계 전략을 이해하기 위해 역전이 반응을 활용한다는 생각을 더 많이 받아들이게 되었다.

역전이를 건설적으로 다룬다는 것은 치료자의 적응과 방어 양식에 큰 부담을 주는 일이다. 치료자는 환자의 내면화된 대상관계 구조를 확인하기 위해 환자에 대한 자신의 정서적 반응을 활용할 수 있어야 한다. 치료자의 반응은 그 사람과 함께 있다는 것이 어떤 것인지, 그 사람이 타인에게 어떤 역할을 부여하는지, 그리고 그 사람이 자기 자신에 대해 주로 어떻게 느끼는지를 보여 주는 지표가 된다. 그러므로 이런 감정을 배제해서는 안 되는 것이다. 환자에 대한 어떤 감정이나 생각을 받아들일 수 없는 치료자는 그것을 부인하거나 방출해 버릴 위험이 있다. 이 부인에 힘을 더하기 위해서 수용할 수 없는 역전이 반응을 촉발할 만한 어떤 상호작용도 부지불식간에 억제할 수 있다. 그렇게 어떤 영역의 탐색을 차단하려는 치료자의 노력에 대해, 환자는 그 주제를 더욱 열성적으로 파고들어 악순환을 만들어 내거나 그것을 해결하려는 어떤 희망도 버리고 철수하여 승리감이나 공포로 반응할 수 있다.[22] 환자를 향한 자신의 감정을 참고 간직할 수 없는 치료자는 또한 행동화를 통해 그것을 방출할 것이다. 이러한 상황에서 치료자는 부인된 자신의 감정을 행동화하고, 그 행동을 환자의 '병리' 때문이라고 합리화한다. 예컨대, 분노를 견딜 수 없는 치료자가 환자를 비난하고, 이것은 환자에게 남을 화나게 만드는 경향이 있기 때문이라고 탓할 수 있다.

역전이를 느낀다는 것은 치료자가 부도덕하거나 임상가로서 적당하지 않다는 것을 뜻하는 것이 아니다. 역동적 이론이 발달함에 따라 치료자는 역전이를 제거하는 것이 불가능할 뿐만 아니라 환자에 대한 반응을 분석함으로써 그에 대해 많은 것을 알 수 있기 때문에 그 제거가 매우 비생산적이라는 것을 깨달았다. 중요한 점은 치료자의 치료 능력을 키우기 위해서는 역전이를 탐색하고 이해해야 한다는 것이다.

임상적 이론의 측면에서 역전이 반응을 활용하는 좋은 방안이 발견되었지만, 현장의 치료자는 여전히 어느 정도 불안감을 가지고 역전이를 대한다. Tower는 역전이 자각에 대한 치료자의 저항이 전이 자각에 대한 환자의 저항보다 더 강하고 교묘하다고 말한다.[23] Racker는 역전이 반응이 자아나 초자아 이상에 따라 거부될 때 치료자가 그런 반응을 피하고 싶어 한다고 하였다. 자신을 보는 긍정적 관점과 불일치하는 감정을 느낄 때 치료자는 그런 감정의 자각을 막으려 할 수 있다.[24] Issacharoff도 치료자가 자신의 역전이를 관찰하는 것에 대해 근본적이고 뿌리 깊은 저항감을 가지고 있기에 끊임없

는 재각성을 필요로 한다는 점에 주목한다.[25]

비록, 역전이가 더 이상 전적으로 치료자의 신경증 영역에 속하는 것으로 간주되지는 않지만, 아직도 이를 확인하고 분석하는 데는 상당한 저항이 따른다. 역전이 논의를 어려워하는 이유 중에는 역전이가 환자-치료자 상호작용에 대한 반응에서 비롯되었다기보다는 치료자의 개인적 문제에서 비롯된 것으로 보일 수 있다는 점이 있다. 다시 말해, 역전이 반응이 치료자의 성격을 반영하는 것으로 보일 수 있으므로(예컨대, 성적인 감정을 느끼다니 그는 호색한이 아닌가!) 그런 반응에 초점을 맞추는 것이 어려워지는 것이다. 게다가 환자가 휘저어 놓는 감정에 마음을 열다 보면 지나친 자극을 받을 수 있고, 치료자의 행동화의 욕구가 증가할 수도 있다. 만약 그것을 억압한다면 행동화의 유혹도 줄어들 것이 아닌가.

지금까지 역전이에 대해 우리가 논의한 것은 지금-여기를 다루는 작업에서 매우 중요하다. 강렬한 상호작용과 높은 수준의 정서적 몰입은 지금-여기에 초점을 맞추는 작업의 특징이며, 환자에 대한 다양한 감정과 반응의 출현을 가져오는 비옥한 토양을 제공한다. 이런 반응이 표면으로 떠오르는 것을 피하기 위해 치료자는 지금-여기를 강조하지 않는 것이다.

> 만일 당신이 아무런 영향도 받지 않는 사람이라면, 당신 또한 어떤 영향도 미칠 수 없다.
>
> Carl Jung, 1933, p. 49

치료자 저항의 표현

지금-여기에서의 전이 분석에 내재된 불안 때문에 치료자는 치료 과정의 이런 측면에 저항한다. 치료자의 저항은 다양한 방식으로 표현되며, 치료자가 지금-여기를 다루는 작업을 방해하는 방법도 무수히 많다. 여기에는 (1) 발생 기원적 탐색에 대한 지나친 강조, (2) 치료자의 소극적인 태도, (3) 긍정적인 전이에 대한 과도한 의존, (4) 전이와 비전이 행동의 변별 실패, (5) 해석할 때의 확신에 찬 태도, (6) 환자의 투사에 대한 성급한 해석 등이 포함된다. 이러한 내용들에 대해 앞으로 살펴보겠다.

발생적 해석의 지나친 강조

초기 생활 경험을 자세히 살펴본다는 전술적 목표는, 오직 과거
의 사건과 갈등에 대한 이런 새로운 이해가 궁극적으로 현재의
갈등과 스트레스에 대한 더 효과적인 적응과 상호작용을 가져오
는 경우에만 중요하다.

Paul Dewald, 1964, p. 239

치료자는 환자의 현재 삶의 문제를 가져온 발생적 원인을 지나치게 강조함으로써 지금-여기에서의 전이 분석에 저항할 수 있다. 지금 이 순간의 탐색에 저항하기 위하여 과거에 초점을 두는 것이다. 과거의 사건만을 논의하고 지금-여기에서의 정서를 배제하면, 결국 환자가 어떻게 양육되었는가에 문제의 원인을 돌리는 지적인 논의만 하게 된다. 초점을 항상 과거에 맞추면 여러 가지 복잡한 문제가 생긴다. 지금-여기에서의 상호 소통을 줄곧 과거와 연결 짓는 경향이 있는 치료자는 치료자 자신의 감정이 취약하므로 보호받고 싶다는 메시지를 환자에게 전달하는 셈이다. 이런 상황에서 환자는 치료자에 대한 정당한 느낌을 어린 시절의 양육자에게 전치하도록 미묘한 압력을 받는다. 이러한 태도는 외재화와 투사의 방어기제를 강화하고, 자기 책임으로 받아들이는 것을 더 어렵게 만든다는 점에서 문제가 된다. 과거와 발생적 재구성을 지나치게 강조하면, 특히 치료 초기에 그런다면 또 다른 문제가 생긴다. 주제를 넓게 다루는 치료에서조차 환자는 과거 경험의 아주 작은 부분만을 회상한다. 과거에 대한 회상은 현재의 심리 상태에 많은 영향을 받는 적극적인 재구

109

성 활동이다. 환자는 현재 자기에 대해 가지고 있는 관점과 일관성을 유지하기 위해 과거를 선택적으로 회상하고 통합하는 경향이 있다.[1] 환자가 자신의 과거를 어떤 식으로 표현하는지 들어보면 지금 그가 그 과거를 어떤 식으로 볼 필요가 있는지 알 수 있다. 역사는 현재의 정서 상태에 맞추어 변형될 수 있다. 환자의 설명은 기껏해야 실제 과거와 상당히 관련이 많은 정도일 뿐 결코 정확하게 일치하지는 않는다.[2]

부모와 어린 시절에 관해 환자가 제공하는 정보는 왜곡되기 쉬우므로 이런 정보에 근거한 너무 빠른 발생적 해석과 재구성은 정확하지도 않고 시기상조인 경우가 많다. 이에 대해 Reppen은 과거의 사건을 재구성할 때 치료자는 환자에게 실제로 어떤 일이 일어났는가보다는 환자가 그 사건을 어떤 식으로 경험하였는가의 측면을 강조해야 한다고 제안한다.[3] 어떤 경험의 특성과 상징적인 의미는 그 사람이 겪었던 사건 자체와는 다를 수 있다.[4] 경험은 당시의 그 사람의 발달 수준 및 그 경험에 개입된 사람과의 관계 양상에 따라 달리 통합된다. 따라서 치료자는 성급하게 추측하지 말고, 특정한 사건이 의미하는 것과 환자가 어떤 식으로 경험하였는가를 탐색할 필요가 있다.

> 의식적 · 전의식적 · 무의식적 환상에 드러나는 이러한 내적 대상 표상의 세계는 개인이 과거에 관계를 맺은 실제 사람의 실제 세계를 결코 똑같이 재현하지는 않는다. 그것은 기껏해야 근사치며, 항상 아주 초기에 내사하고 동일시하였던 대상-이미지에 큰 영향을 받는다.
>
> Otto Kernberg, 1976, p. 33

초기 발달사 탐색의 가치

지금-여기에서의 전이 분석은 즉시적인 환자-치료자 관계를 활용해서 갈등적인 상호작용 양식을 파악하고 해결하는 것을 강조한다. 그렇지만 이를 환자의 발달사에 대한 이해의 중요성을 부정하는 것으로 오해해서는 안 된다. 갈등적 양식의 발달에 주의를 기울임으로써 환자는 자기 삶에서 일어난 사건을 시간의 흐름에 따라 연결시키고 이해해 볼 수 있는 기회를 얻게 된다. 이런 작업은 자기 역사의식을 형성하고 정체감을 확고히 하는 데 도움을 준다. 또한 고통스러운 감정도 이해할 수 있다는 확신을 주며, 삶의 복잡다단한 상황 속에서 혼란에 빠져 헤매지 않게 한다. Sullivan은 일이 어떻게 시작되었는지를 알면 그 일의 의미에 대해 많은 정보를 얻을 수 있지만, 이미 상황이 복잡해지고 시간이 많이 흐르면 그 의미는 매우 모호해진다고 지적한다.[5]

한 사람의 개인사를 살펴보는 일의 또 다른 가치는 과거를 반복해서 탐색함에 따라 그 과거에 대한 자신의 관점을 재통합할 수 있다는 데 있다. 생애 초기에 의미 있는 사람과 맺었던 관계를 이제는 다소 다르게, 그리고 아마도 좀 더 복잡한 방식으로 이해하게 될 것이다. 과거에 겁에 질린 아이의 눈을 통해 바라보았던 그 사람에 대해 이제는 어느 정도 공감하는 마음마저 생길 수 있다. 과거에 대한 새로운 관점은 자기 자신에 대한 관점에도 영향을 미친다.[6] 예를 들어, 어린 시절 부모에게 적절한 보살핌을 받지는 못했지만, 그것은 부모가 자신을 사랑하지 않아서라기보다는 효과적인 부모 역할을 하기에 그들이 너무 삶에 지치고 일이 과중하였으며 힘든 문제에 직면하고 있었기 때문이라는 깨달음에 이를지도 모른다. 이때까지는 성장과정에서 관심받지 못하고 무시당했다는 느낌에 기초해 자신을 평가해 왔지만, 이러한 깨달음을 통해 자신의 가치와 사랑스러움을 재평가하게 되는 것이다.

치료의 어떤 고비에서는 과거의 자료에 대한 탐색이 갈등이 격심한 현재의 상호작용에서 어느 정도 거리를 두는 데 도움을 주기도 한다. 또 이전에 환자가 겪었던 유사한 경험의 세부 내용에 초점을 맞춤으로써 현재의 치료적 교착 상태가 일시적으로 해소될 수도 있다. 이는 지금-여기에서 진행되고 있는 것은 무엇이든 즉시 이해해야 한다는 부담으로부터 환자와 치료자를 자유롭게 한다. 이에 대해서는 나중에 다시 다루겠지만, 특히 이러한 기법은 구조가 취약하고 쉽게 두려움에 휩싸이는 경향이 있는 환자를 치료할 때 중요하다. 불안은 급속히 번져서 그들을 감싼다. 정서적 갈등의 정점에서 제공되는 해석은 환자에게 더 깊은 이해를 주기보다는 오히려 그들을 압도할 수 있다. 그러므로 치료자는 감정이 고조된 순간에 갈등을 다루지 않고 좀 누그러든 이후의 회기에서 그것을 다룰 수 있다. Pine은 이런 개입을 "쇠는 식었을 때 두드린다"라고 표현한다.[7]

발달적 탐색에 초점을 두는 것은 논의와 협력을 위한 초점의 공유를 가능하게 하는 동시에 환자와 치료자가 서로 익숙해지고 편안해지도록 한다는 점에서 또 다른 가치가 있다. 어떤 환자는 치료 초기에 좀 더 직접적인 상호 소통으로 유발되는 불안을 다루기 힘들 수있다. 이때 과거 사건에 대한 논의는 편안함과 안전감을 주는데, 이를 통해 나중에 대인관계에 초점을 더 많이 둘 수 있게 된다.

과거에 대해 아는 것은 또 다른 중요한 점에서 환자와 치료자의관계를 촉진한다. 특정한 대인관계 양식의 초기 발달에 대한 깊은이해는 이후 공감과 의미 있는 관계 형성의 가능성을 높인다. 성격형성의 과정을 아는 것은 그 사람을 이해하는 데 필수적인 요소다.[8]예를 들어, 거칠고 적대적인 환자가 과거에 가학적인 부모에게서 고통을 받았다는 사실을 알게 될 때 치료자는 그를 더 잘 이해할 수 있을 것이다. 환자의 발달사에 대한 이해는 그 사람에 대한 연민과 공감의 능력을 향상시키고 현재의 상호작용을 더 깊게 한다.

발생적 해석의 적절한 사용

예전에는 상황이 어떤지 이해하기 위해 어떻게 해서 그렇게 되었는가
를 질문하는 것이 가장 좋다고 생각하였다. 그러나 요즘은 지금 이
순간에 상황이 어떻게 복잡하게 펼쳐지는가에 주의를 기울인다.

Frank Kermode, 1987, p. 3

흔히 정신분석 작업은 억압된 과거를 밝히기 위해 현재를 탐색하는 일로 이해한다. 현재에서 과거를, 그리고 현실에서 상상을 구분

해 내는 것이 궁극의 유익을 가져온다. 그러나 가장 중요한 것은 그 강조점이 어디에 있는가 하는 것이다. 발생적 자료 탐색의 가장 주된 가치는 현재 관계를 이해하고, 그 관계의 점진적인 변화를 촉진한다는 데 있다. 과거에 대한 이해는 과거가 현재에 미치는 해로운 영향을 줄이는 용도로 사용된다. 번역가가 모호한 원문을 이해하기 위해 역사를 참고하는 것처럼 치료자는 환자와의 현재 상호작용을 방해하는 것을 이해하기 위해 환자의 과거 역사를 살펴보는 쪽으로 잠시 경로를 바꾼다.[9] 환자의 발달과 초기 중요한 타인과의 관계를 알게 되면 치료자는 환자에 대한 자기 자신의 반응을 더 잘 이해할 수 있게 된다. Kernberg와 그의 동료의 제안에 따르면, 환자와 그의 중요한 타인이 등장하는 시나리오를 상상해서 그 등장인물 중 누군가를 환자와의 지금-여기에서의 경험에 비추어 잘 이해할 수 있을 때 치료자 자신의 반응도 이해할 수 있게 된다. 이런 노력을 반복해서 하면 환자의 내적 자기 표상 및 대상 표상의 세계를 그 모든 모순된 측면을 포함해서 서서히 그려볼 수 있게 된다.[10]

과거와 현재의 상호작용을 다룰 때는 환자와 치료자 모두 생애 초기(아동기나 유년기)에 일어났던 일 자체가 심리치료에서 중요한 것이 아니라는 점을 명심해야 한다. 그보다 그 사람의 발달과정에서 발생한 사건들이 어떻게 현재 상황과 현재 생활 경험에서 그의 적응을 결정하고 수정하고 제한하는가 하는 점이 훨씬 더 중요하다.[11] 치료자의 과제는 과거를 밝히는 일 자체가 아니다. 현재 기능의 의미를 더 깊이 이해하기 위해 과거에 대한 지식의 도움을 얻는 것이다.

과거는 현재를 이해하기 위해 사용된다.

Alexander와 French는 기억이라는 자료는 항상 현재의 생활 상황과 연결되어야 하며, 환자가 자신의 문제의 원인에 대해 학문적으로 이해하기 위해서가 아니라 현실의 문제를 해결하기 위해서 치료받으러 왔음을 잊지 말아야 한다고 경고한다.[12] 비록, 과거를 이해하는 것이 과거의 해로운 영향을 줄이는 데 사용될 수 있다고 하지만, 치료자는 변화를 가져오는 것은 과거의 사건에 대한 설명이 아니라 치료적 상호작용 안에서 일어나는 중요한 양식의 재생과 수정이라는 사실을 명심해야 한다.[13]

지금-여기에서의 작업은 자신의 과거를 더 잘 이해할 수 있게 해 준다. 이 작업을 통해 연속성과 일관성의 느낌을 얻는다. 실제로 효과적인 지금-여기에서의 작업은 흔히 과거 기억의 복원을 가져온다. 이는 과거에 대한 기억이 저항(이 경우는 전이 저항)의 훈습 이후에 나타난다는 Freud의 관찰과 일치한다.[14]

Wachtel은 과거 경험이 심리적 갈등의 발달과 유지에 미치는 영향에 대한 또 다른 통찰을 제공한다. 그는 부적응적 양식을 야기하는 데 현재 행동의 역할을 강조하는 입장을 취한다. 즉, 그는 환자의 현재 문제의 기원이 초기 아동기에 있기는 해도 실제적인 원인은 현재의 상호작용(그리고 이러한 상호작용이 그 사람에게 갖는 의미와 상호작용의 결과로 생기는 새로운 환상과 소망)에 있다고 주장한다. Wachtel은 다음과 같이 말하였다.

오래 지속되는 심리적 갈등의 사례를 면밀하게 살펴보면, 우리는 그 사람의 삶을 지배하는 소망과 갈등이 그의 삶의 방식의 원인이 되는 동시에 결과가 되기도 한다는 것을 이해할 수 있다. 환자의 소망과 환상을 단순히 과거의 영향이라고 빨리 설명하고 싶은 유혹에 저항함으로써 우리는 환자 자신의 행동과 그가 다른 사람에게서 유발하는 행동이 어떤 식으로 그 소망과 환상을 현재에 가져오는지 알 수 있게 된다.[15]

Wachtel이 보기에는 정신역동적 과정의 핵심은 환자의 마음에 간직된 과거에 있는 것이 아니라 현재의 악순환에 있다. 이 악순환은 과거의 사건이 처음 촉발하였으나, 현재의 상호작용 양식이 가져오는 문제에 의해 계속 유지되고 있다.

> 사람은 개인적으로든 국가적으로든 사랑이나 미움이 먼 과거에 일어난 결정적인 패배에 근거한다는 것을 알게 되었다 하더라도 그것을 쉽게 포기하지는 않는다.
>
> Leo Stone, 1973, p. 51

치료자의 소극적인 태도

07

산소 없는 대기와 0℃에 가까운 기온이 사람의 생리적인 반응을
가장 정확하게 측정하기 위한 물리적 환경을 제공하지 않는 것처
럼 정서적인 반응을 하지 않고 침묵하며 컴퓨터처럼 자료를 수집
하고 해석하는 비인간적인 기계를 흉내 내는 것이 사람의 심리적
구성의 정상적 및 비정상적 특성을 왜곡하지 않고 가장 잘 설명
할 수 있는 심리적 환경을 제공하지 않는다. 분석 상황에서 적절
한 중립성은 평균적 조건에 따라 제공된다. 환자를 대하는 분석
가의 행동은 평균적으로 기대되는 것이어야 한다. 즉, 고통을 겪
고 있으며, 도움을 얻기 위해 자기 자신을 맡긴 사람을 대하는
행동이며, 지각 있는 사람이 보이는 행동을 말하는 것이다.

Heinz Kohut, 1977, p. 253

지금-여기에서의 전이 분석은 치료 시간에 재연되는 환자의 신경증적인 양식을 확인·탐색·수정하기 위해서 치료자가 적극적으로 환자와 대화를 주고받을 때 그 과정이 촉진된다. 치료자는 환자를 대하는 자신의 활동 수준을 지나치게 제한함으로써 전이 분석에 저항하기도 한다. 이러한 행동은 흔히 중립성이라는 치료적 개념에 대한 이론적 오해와 치료자의 역전이적 오류를 반영한다.

치료자의 적극성의 가치

치료자가 더 적극적으로 개입하고 더 많이 위험을 감수하며 더 많이 상호작용에 초점을 맞추려고 노력하는 것은 지금-여기에서의 작업이 가진 고유한 특성이다. 이 작업에서는 전통적인 역동치료보다 전이와 전이 저항을 더 적극적으로 검토한다. 저항과 전이에 대한 이런 적극적인 개입을 통해 치료자는 보통 경험하는 것보다 더 높은 수준의 정서적 관여를 가져올 치료적 긴장감을 만든다.

전이 분석에 대한 적극적인 접근은 몇 가지 다른 이점을 가진다. 환자와 적극적으로 의사소통을 하는 것은 이를 통해 환자 진술의 의미를 더 충분히 명료화할 수 있는 기회를 얻게 된다는 점에서도 매우 가치가 있다. 환자를 이해하려는 치료자의 노력은 환자의 자기 이해를 촉진한다. Sullivan은 환자의 말뜻을 정확하게 파악하기 위해 관심을 기울이는 것 이상으로 환자에게 유익을 주는 것이 드물다고 말한다. "'그러니까 당신이 한 말은 이러이러한 뜻입니까?'라고 물을 때마다 환자는 자기 말의 뜻을 좀 더 분명하게 알게 된다."[1] Sullivan이 지적한 것처럼 그 말뜻을 파악하고자 하는 치료자의 노력에 힘입어 환자가 자신이 무슨 생각을 하고 있고 무엇을 말하고 싶어 하는지를 분명히 자각한다면 인생에 대해 좀 더 깊게 이해할 수 있다. "자신에게 일어나는 일을 잘 파악할 수 있는 사람이라면 삶에서 심각한 어려움을 겪지 않는다."[2]

환자의 삶에서 무엇이 무엇을 가져오는지, 일의 전후가 어떠한지를 자세하게 이해하기 위해서는 적극적이고 능동적인 대화가 필요하다. 지금-여기에서의 상호작용에서는 더욱더 그렇다. 상호작용의 흐름에 대한 상세한 탐색을 거쳐야 전이관계에 대한 지식이 풍부해진다. 치료자가 환자를 이해하기 위해 적극적으로 노력해야 하는 것과 마찬가지로 환자 역시 치료자의 말뜻을 이해해야 한다. 치료자가 한 번 얘기한다고 해서 환자가 바로 이해하는 것은 아니다. 치료자가 항상 이상적일 만큼 분명하게 자신을 표현해도 어려울 텐데, 사실 치료자는 전혀 그렇지 않은 것이다. 따라서 서로 주고받는 대화

는 필수적이다.[3]

환자-치료자 상호작용에 적극적으로 초점을 맞추게 되면, 기다리면서 지켜보는 전통적인 입장보다 환자의 문제를 더 빨리 파악할 수 있다. 정서적 갈등을 빨리 확인하고 그것이 치료자와의 관계에서 어떤 식으로 드러나는가를 입증하게 되면 훈습의 과정을 좀 더 앞당길 수 있다. 다양한 각도와 조망으로 자신의 문제를 반복해서 경험하고 검토함으로써 이러한 학습 해소와 재학습의 중요한 과정을 달성하는데, 치료자가 치료적 상호작용의 전이 요소를 적극적으로 검토하는 것이 이 과정을 촉진한다.

때로 치료자는 환자가 자기 방식으로 관계를 맺는 것에 개입하지 않기 위해 지나치게 제한적이고 소극적이며, 모호한 태도를 취할 수 있다. 그러나 치료자가 이런 태도를 취하면 환자가 타인의 행동에 반응하고 또 영향을 주는 상호작용 방식을 환자-치료자 관계라는 매개체를 통해 검토하는 것이 매우 어려워진다. 치료 시간에 주로 침묵하고 가끔 해석하기만 한다면, 치료자는 상호작용의 연쇄를 끊어 버리고 대신 환자의 모놀로그를 연출하는 셈이 된다.[4]

적극성에 대한 저항:
Alexander에 대한 분석가들의 경계심

정신분석, 특히 미국에서 발전한 정신분석의 한 가지 주요한 특징은 전이의 표현이나 환자의 자발성의 발전을 방해하지 않기 위해 치료자의 활동을 최소화하고 제한하는 것이다. 따라서 더 전통적인 방식으로 훈련받은 치료자는 지금-여기에서의 전이 탐색에 필요한 적극적인 자세를 취하는 것에 저항할 수 있다. 그들에게 이런 적극적인 자세는 생소하고 이질적일 것이다. 분석가들은 환자-치료자 관계의 정서적 반응을 적극적으로 탐색하기보다는 침묵하며 기다리도록 훈련받는다. 역동적으로 훈련받는 치료자는 자료에 대해 확신이 들 때까지 자제하며 기다려야 하고, 경청하는 데 많은 시간을 들여야 하며, 가능한 한 문제를 자세하게 이해해야 한다고 배운다.[5] 조용한 경청, 골고루 펼쳐진 주의, 자유연상 자료의 해석 등을 주로 배운 전통적인 역동적 치료자는 적극적인 개입에 불편함을 느낄 것이다. 그러나 이러한 태도는 좋은 기회를 놓치는 결과를 가져올 수 있다.

흥미롭게도 몇몇 분석가는 비활동성이라는 기법적 권고가 정작 Freud의 임상적 태도와는 다르며, 현대 정신분석은 원래 의도되거나 실제로 도움이 되는 이상으로 지나치게 침묵과 수동적 경청을 강조해 왔다고 주장한다. Racker는 Freud가 도라(Dora)와 쥐 인간(Rat Man)과 함께 한 작업을 개관하면서 그가 환자들과 적극적으로 대화를 나누었다고 주장하였다.[6] Racker의 관찰에 따르면, Freud는 환자만큼이나 말을 많이 했고, 해석도 자주 했으며, 그 해석은 자세하고 길었다. Lipton은 1940년대와 1950년대에 와서 치료자들이 더 말이 없어지고 조용해지는 등 분석 기법이 더 고전적인 색채를 띠게 되었다고 보았다.[3] Lipton에 따르면, 이러한 기법이 Freud의 사적이고 상호작용적인 접근을 대체하게 된 것이다. 결국, Freud학파의 공식적인 입장은 Freud 자신이 취했던 입장보다 덜 적극적이고 상호작용을 덜 강조하는 것이 되었다.

앞 장에서 언급한 것처럼 Lipton은 정신분석이 이러한 방향으로 나아가게 된 가장 중요한 계기는 미국의 정신분석가 집단이 Franz Alexander의 저작들, 특히 교정적 정서 체험이라는 개념에 대해 보인 반응에 있다고 보았다.[7] 그들은 Alexander가 통찰 대신 경험을 강조하고, 전이를 해석하기보다는 조작하며, 환자가 분석가에게 가지는 애착을 방치한다고 생각하였다. 또한 치료적 이득을 얻기 위해 해석 대신 개인적인 관계를 이용한다고 보았다. 이후 환자와 분석가 사이의 개인적 관계를 강조하는 Alexander의 입장에 이렇게 분석가들이 반대한 사실은 인기를 끄는 일탈에 대한 고전적 정신분석의 방어로 널리 이해되었다.

Kurt Eissler는 Alexander가 환자-치료자 관계를 해석하는 대신 이를 활용할 것을 강조한 데 대해 가장 비판의 목소리를 높였던 분석가였다. 1950년에 Eissler는 Alexander의 견해에 대한 상세한 반론을 발표하였다. 그리고 곧이어 기법에 관한 또 다른 논문을 발표하여 그에 대한 비판을 더욱 확장하였다.[8] 여기서 Eissler는 주로 해석에 의존하는 정신분석적 기법의 기본 모델을 제시하였고, 해석을 제외한 여타의 개입은 보조적 수단으로 간주할 것을 제안하였다. 많은 분석가가 이 논문을 읽고 그 내용을 받아들였으며, 보조적 수단이라는 용어는 정신분석가들의 기본 어휘가 되었다. 이 논문의 취지는 해석을 제외한 다른 모든 개입을 평가절하하는 것이었다. Lipton은 이 논문에서 일종의 신화가 생겨났다고 보았다. 치료자들이 해석을 제외하고는 말을 하지 않게 된 것이다.

Eissler의 논문과 같은 저술을 통해 치료자의 비활동성은 옳게 보고 대화는 의심스럽게 보는 경향이 생겼다. 즉, 침묵과 수동적 경청이 치료의 핵심적 측면으로 인정받게 되었다. 침묵은 발화(發話)만큼 체계적으로 비판받지 않았고, 정신분석적 기법의 하나로 믿음을 얻게 되었다.[9] 그러나 침묵은 치료자가 경청하고 있음을 보여 주는 증거가 아니라 하나의 기법이 될 때 문제가 생긴다. 치료자는 경청과 침묵을 혼동해서는 안 된다. 침묵을 위한 침묵은 기법에 대한 오해나 치료자 역전이의 결과, 혹은 둘 다일 수 있다. 치료자가 침묵하는 것은 이론적으로는 환자의 자유연상에 부당한 영향을 미치지 않기 위해서다. 그러나 실제로 치료자의 이런 태도는 다른 모든 행동의 경우와 마찬가지로 해석과 훈습이 필요한 환상과 전이를 활성화시킨다.

적극성에 대한 저항: 중립성의 훼손에 대한 두려움

전통적으로 치료자의 적극적인 태도는 치료자의 중립성을 위태롭게 하며 전이의 발달과 그 해석을 어렵게 하는 것으로 간주되었다. 예를 들어, Fenichel은 치료자의 지나친 활동이 치료자에 대한 환자

의 신뢰를 해치고, 자신의 생각과 감정을 자발적으로 정직하게 표현
해야 한다는 분석의 기본 규칙을 따르려는 환자의 의지를 억제한다
고 보았다. Fenichel은 치료자가 적극적으로 개입하는 것은 환자가
무의식 속에서 치료자를 '벌주는 사람, 아동기의 위협을 반복하는
사람, 위협을 사라지게 하는 마술사'로 생각할 수 있게 한다고 보았
다.[10] 이렇게 될 때 치료자의 중립성은 상실되며 자유롭게 흐르는 의
사소통을 가능하게 하는 치료 장면의 안전성이 크게 위협받을 것이
라고 보았다. 따라서 Fenichel은 치료자가 허용적인 분위기를 만들
어서 '당신은 여기서 벌받지 않을 것입니다. 그러니 당신의 생각을
자유롭게 말하세요'와 같은 메시지를 전달하도록 노력해야 한다고
권고하였다. 치료자의 적극적인 개입은 이렇게 치료 환경의 안전성
을 위협할 뿐만 아니라 전이의 자연스러운 발달도 방해한다고 생각
한 것이다. 즉, 치료자의 과잉 활동이 전이의 전개를 흐리게 하여 결
국 환자의 반응을 탐색하고 해결하는 게 어려워진다고 보았다.

비록, 치료적 절제와 중립성이 전이 표현을 위한 안전한 환경과
명료한 치료 장면을 확보하기 위한 목적을 가지고 있다 하더라도,
Sullivan이 지적하였듯이 우리가 치료 장면 밖에 머물 수는 없다는
사실을 명심해야 한다.[11] Sullivan은 참여 관찰이라는 개념을 통해 치
료자는 환자의 심리 세계의 관찰자인 동시에 그 자신이 관찰하고 있
는 대상에 영향을 미치는 상호작용의 참여자라고 주장한다. 치료자
는 자신이 관찰하고 있는 대상에 영향을 미치지 않을 수 없다. 환자
와 치료자는 함께하는 두 사람으로서 서로 관계를 맺고 의사소통하

지 않을 수 없으며 서로에게 영향을 주지 않을 수 없다. 치료자의 적극적이거나 소극적인 모든 행동은 환자의 반응을 불러일으킨다. 전이의 특정 행동이 환자의 심리내적 역동에서 비롯된 것인지, 아니면 치료자의 실제 행동의 결과인지 파악하는 것은 쉬운 일이 아니다.[12] 치료자의 특정 행동은 환자의 특정 반응을 유발한다. 치료자가 비판적일 때 환자가 보이는 반응과 치료자가 칭찬하거나 충고하거나 침묵할 때 환자가 보이는 반응이 같을 수 없다.

치료에서 안전하고 촉진적인 분위기를 만들며 전이 반응의 본질을 이해하는 것은 치료 작업의 필수적인 측면이다. 그러나 전이를 왜곡시킬까 봐 두려워 치료적 개입(예를 들어, 해석, 직면, 명료화 등)을 억제하면, 정작 전이 반응을 확인하고 다루기가 어렵게 된다. 환자의 전이 반응을 보다 선명하게 조명하기 위해 적극성을 줄이고 상호작용을 주도하지 말라는 교육을 많이 받았겠지만, 치료자의 비활동성이나 무반응 역시 환자에게서 그 나름의 반응을 불러일으킨다는 점을 명심해야 한다. 따라서 Gill은 치료자가 하고 있는 것뿐만 아니라 하지 않는 것에도 환자가 반응하고 있음을 명심하라고 충고한다.[13] 환자는 치료자의 소극성과 무반응에도 반응한다. 이는 더 적극적인 다른 개입만큼이나 세밀한 전이의 출현을 촉발하는 바탕이 될 수 있다.

> 만약 분석가가 환자에게 전혀 아무런 단서도 제공하지 않을 수 있다
> 는 착각 속에 있다면, 그는 아마도 침묵 속으로 멀리 물러나 있을 것

이다. 이 모습은 분석가를 환자와 어떤 개인적인 관계도 가지기를 거부하는 사람으로 묘사하는 당대의 풍자와 그리 다를 바가 없다. ……
이런 상황에서 분석가는 환자의 반응을 순수한 전이로 오해할 수도 있겠지만, 실제로 이는 현실의 침묵에 대한 전이적 적응인 것이다.

Merton Gill, 1979, p. 227

중립성

지금-여기에서의 작업에 필수적인 치료자의 적극적인 태도가 치료자의 중립성에 영향을 준다는 주장이 있으므로, 이 시점에서 중립성의 개념에 대해 좀 더 논의해 보는 것이 도움이 될 것이다. 치료자의 중립적인 태도는 (1) 적절한 좌절을 통해 전이 소망의 자각 및 통합을 촉진하고, (2) 치료자가 신경증적으로 휘말리게 되는 것을 막고, (3) 치료에서 환자의 자율성과 안전감을 보장하는 데 그 목적이 있다.

적절한 좌절: 전이 출현의 촉진

신경증 환자가 자신의 유아적 소망의 강렬함을 깨닫도록 하기 위해서는 이런 소망이 어느 정도의 요구 수준에 이를 때까지 허용되어야 한다. 이러한 요구의 압력 없이는 어떤 해석도 실패할 것이다. 이것이 분석이나 집중적인 심리치료에서 환자에게 부과되는 좌절이다. 치료 상황에서 좌절이 없고 치료자가 환자의 소망을 계속 충족시켜 준다

면, 그것은 치료라기보다는 일종의 입양(入養)에 더 가깝다. 그러나
상황에 따라서는 이런 입양의 태도가 필요할 수도 있다.

Sidney Tarachow, 1963, p. 274

치료자의 중립적인 태도는 환자의 소망의 본질과 그 소망을 충족
시키는 방식을 좀 더 선명하게 밝히는 기능을 한다. 이것은 환자가
자기 자신을, 즉 자신의 심리내적 갈등과 그 표현 방식을 깊이 있게
이해하도록 돕는다.

전이는 환자가 원하는 것과 치료자가 제공하는 것 사이에 차이가
있을 때 생긴다.[14] 중립적인 태도는 환자의 전이 만족의 소망을 좌절
시켜 전이의 발생을 촉진한다. 중립적인 치료자는 환자의 변명, 비
난, 교묘한 유도, 요구 등에 대해 보통의 사회적 관계에서 반응하듯
이 반응하지 않는다. 이렇게 치료자가 환자의 전이 소망을 충족시켜
주지 않으면 환자는 좌절감을 느낀다. 이럴 때 종종 환자는 치료자
에게 자신의 신경증적 욕구를 충족시켜 주도록 더 강한 압박을 준다.
환자는 치료자에게서 원하는 것을 얻기 위해, 비록 신경증적이고 유
아적이기는 해도 자신에게 익숙한 방식으로 반응한다. Menninger
는 이를 사랑과 미움의 조건이라고 하였다.[15]

전이의 행동화가 좌절되면서 환자의 욕구가 선명하게 부각되고,
결국 중요한 타인과의 관계에서 이 욕구를 충족시키기 위해 전형적
으로 사용하는 방법이 드러나게 된다. 이 좌절을 통해 충족되지 않
은 구체적 소망에 대한 자각이 촉진된다. 치료자에게 표출되었으나

충족되지 않은 소망은 언어적인 수준에서 다룰 수 있을 정도로 의식화된다. 아동기 소망의 갈등과 이런 양가감정에서 생긴 모든 신경증적 상호작용은 성인의 자아 앞에 드러나게 되고, 보다 높은 수준의 통합과 재조직이 가능하게 된다.

적절한 좌절의 수준은 환자마다 다르다. 그래서 치료자는 환자의 전이 좌절의 수준을 잘 지켜보아야 한다. 치료자는 적절한 수준의 좌절을 유지하기 위해서 환자가 바라는 바를 언제, 어느 정도로, 어떤 형태로 충족시켜 주어야 할지 파악해야 한다.[15]

적절한 좌절이라는 개념을 명확히 하는 데는 발달심리학적 사고가 도움이 된다. 아이들은 적절한 긴장, 요구, 좌절의 조건에서 성장한다. 지나친 긴장은 해로울 정도의 불안, 분노, 무기력을 가져와 아이들의 성장을 방해한다. 반대로 너무 적은 긴장과 너무 많은 충족도 발달을 방해한다.[16] Blanck와 Blanck에 따르면, 양육자의 주요 기능은 "중요한 시기에 좌절을 조절하는 것이다. 즉, 좌절을 제거하는 것이 아니라 필요할 때 겪게 하는 것이다. 왜냐하면 적절한 좌절이 성격 구조(와 자아)를 구축하기 때문이다."[17] 좋은 양육이란 지나치지는 않으나 자아의 발달을 돕는 데 충분할 정도의 좌절을 주는 것이다. 충분히 좋은 어머니는 아이의 모든 욕구를 충족시켜 주지 않는다. 대신 아이가 이런 좌절을 다룰 수 있고 스스로 기능을 할 수 있는 능력을 조금 더 키울 수 있도록 도와준다.[18] 충분히 좋은 치료자도 환자를 위해 이와 같은 조건을 제공한다. 만족을 주기보다는 반영을 해 주고, 재연하기보다는 견뎌 준다.

적절한 좌절의 문제는 치료과정의 가장 중요한 과제 중 하나다. 치료적 작업을 가능하게 하는 수준으로 좌절을 유지하는 일에는 불안이 따르게 마련이다. 그래서 이를 회피하기 위한 전이 및 역전이 동기가 작동한다. 환자와 치료자 모두 이것을 줄이기 위해 애쓰게 되는 것이다.

> 다른 사람에게 상처를 주고 싶은 사람은 없다. 고통을 주거나, 다른 사람이 고통받을 때 그저 잠자코 있거나, 도움을 요청할 때 모른 체 하고 싶어 하는 사람은 없다. 이는 정말 분석가를 소진시키는 일이다. 이해심 있는 사람이라면 자연스럽게 하게 되는데, 분석가가 이런 일을 하지 않으려고 절제하며 오래 투쟁하다 보면 지치고 마는 것이다. 사람들은 분석을 받는 환자가 견뎌야 하는 절제에 대해서 많이 듣는다. 그러나 분석가가 감당해야 할 절제가 더 무자비하며 사람을 소모시킨다.
>
> Janet Malcolm, 1981, p. 77

휘말리지 않기

중립적인 태도는 환자의 양식에 신경증적으로 개입하게 되는 정도를 줄이는 역할을 한다. 환자의 갈등적이고 자기 패배적인 대인관계 양식을 이해하기 위해서는 정서적 객관성이 필요하다. 이를 유지하기 위해서 치료자는 이런 양식에 끌려 들어가는 것을 제한할 수 있어야 한다. 환자가 치료자에게 어떤 역할을 부여하고, 마치 그 역할과 관련된 어떤 상황이 실재하는 것처럼 치료자를 대하는 일이 반복되어도 치료자는 계속해서 이를 버틴다.[19] 이 목표의 달성은 절제와 중립성으로 촉진된다. 치료자의 절제는 환자의 문제가 있는 그대로 드러나는 장면을 만든다.[20]

환자는 자신의 내적 대상관계의 세계와 합치하는 역할을 할 수 있는 사람을 선택하고 타인에게서 특정 행동을 촉발함으로써 자신의 신경증적 대인관계 양식을 유지한다. Wachtel은 환자가 공모자 없이는 자신의 양식을 유지할 수 없다고 말한다. 성격의 발달과정에는 환자의 행동을 강화시킨 사람이 많이 있다. 행동 양식은 새로운 사람들에게서 유사한 행동을 재생하고 촉발할 수 있기 때문에 반복된다. "다른 사람의 지속적인 참여 없이는 이러한 양식이 유지될 수 없다. 그러므로 치료자는 환자가 다른 사람에게 어떤 행동을 하도록 유도하는지, 이를 통해 어떻게 자신의 부적응적 양식을 유지하는지 반드시 알아야 한다. 환자 자신도 이 점을 이해하는 것이 필수적이다."[21]

만약 환자가 대인관계의 갈등을 반복하여 경험하고 있다면, 치료자는 이 갈등이 결국 치료관계에서 드러날 것이라고 가정해도 무방하다. 환자는 자신의 내면화된 자기 관점 및 대상 관점과 일치하는 행동을 치료자에게서 이끌어 내려고 할 것이다. 자기와 대상 간의 무의식적인 관계는 현재의 대인관계에서 현실화되는 경향이 있다.[20] 환자는 자신의 시나리오에 있는 대로 대상의 역할과 일치하는 행동을, 혹은 반대로 자기의 역할과 일치하는 행동을 치료자에게서 이끌어 내려 할 것이다. 후자의 경우 환자 자신은 대상 표상을 재연하는 경향이 있다.[22] 예를 들어, 어떤 환자는 죄책감을 가진 아이와 벌주는 부모의 시나리오를 재창조하는데, 이런 시나리오는 환자 자신의 양육 환경에서 매우 흔하게 일어난 일을 반영한다. 상황에 따라 환자는 죄책감을 가진 아이나 벌주는 부모의 역할을 재연한다. 투사적 동일시에 따라 압력을 받은 치료자는 다른 한쪽의 역할을 재연하도록 유도된다. 투사적 동일시에서 환자는 자신의 한 측면(자기 표상 혹은 대상 표상)을 타인에게 투사(외재화)하고, 타인이 그 투사된 것과 일치하게 행동하도록 유도한다.[23]

환자의 내적 대상 세계가 밖으로 표현될 때 역할이 역전될 가능성이 있다는 사실은 많은 관심을 끌었고 환자의 대인관계를 이해하는 데 많은 도움을 주었다. 전통적 관점에서 환자는 자기 표상에 맞는 역할을 재연하고, 치료자는 대상에 부여된 상보적인 역할을 하도록 압력받는다고 보았다.

환자의 행동은 치료자의 다양한 내적 경험과 행동 목록 중에서 매우 좁은 범위에 해당하는 것만 촉발하는 경향이 있다. 치료자는 환자에게 휘말려 들어 신경증적으로 개입하지 않을 수 없다.[24] 환자는 자신의 독특한 대인관계 양식에 관한 한 달인이자 전문가다. 환자는 수없이 반복한 경직된 관계 방식으로 상보적 반응을 이끌어 낸다. 그리고 수년간 연습한 기술로 타인을 개입시킨다. 환자가 느끼기에 자신의 심리적 생존이 바로 여기에 달려 있기 때문이다.

그래서 치료자는 환자가 가진 자기, 타인, 세상에 대한 기존의 관점을 입증해 주는 방식으로 행동하게끔 유도된다. 치료자가 상보적 역할을 하도록 끌려 들어가는 것을 피할 수는 없지만, 문제는 지금 무슨 일이 일어나고 있는지 알고 거기서 빠져나올 수 있는가 하는 것이다.[25] 치료자가 끌려 들어가는 것 자체는 잘못이 아니다. 그러나 거기 머물러 있는 것은 잘못이다. 치료자의 중립적인 태도는 치료자가 상보적 역할을 재연하는 것을 억제해 주기 때문에 가치가 있다. 치료자는 환자의 상호작용 양식을 체험적으로 이해하기 위해 부분적으로 참여한다. 치료자는 맛을 보되 통째로 삼키지는 않는다. 이렇게 해서 치료자는 환자의 내적 대상 세계에 참여할 뿐만 아니라 한 걸음 뒤로 물러서서 그 구조를 조명한다. 치료자는 중립성, 객관성 그리고 정서적 절제의 정신을 잘 지킴으로써 자아에 유익하게 퇴행하여 환자의 체험을 공유하는 한편, 곧 성숙한 이차 과정적 기능을 발휘하여 그 체험의 의미를 알게 된다.

> 치료적 노력이란 환자가 전이를 통해 자신의 문제를 치료자와의 관계에서 재현하는 방식을 이해하고자 애쓰는 것이다. ……치료자는 환자에게 중요한 사람이 될 때까지 환자와 함께 머물러 있다. 그리고 중요한 사람이 되면 자신에게 주어지는 어떤 역할을 하게 된다.
> Sidney Tarachow, 1963, p. 253

환자의 안전감과 자율성의 증진

분석가가 어떤 유혹에도 안 넘어간다는 것을 분명하게 보여 줄수록
그 상황에서 분석적 내용을 이끌어 내기가 더 쉬워진다.

Sigmund Freud, 1915, p. 160

치료자의 중립적 자세는 일상적 대인관계 맥락에서는 적절하지도 않고 허용되지도 않는 개방적인 의사소통을 촉진한다.[26] 치료자의 중립성은 환자에게 좌절의 근원이 된다. 환자의 감정은 점차 분명하게 의식되지만 환자에게 익숙하거나 그가 원하는 방식으로 반응이 오지 않기 때문이다. 그러나 동시에 치료자의 중립성은 안도감의 근원이 된다. 환자는 당장 책임져야 한다는 부담감이나 보복당하리라는 두려움 없이 이전에 방어하였던 생각과 감정을 자유롭게 표현할 수 있는 기회를 얻기 때문이다. 치료자의 중립성, 즉 객관성을 유지하고 지나치게 영향을 주거나 통제하지 않으면서 동시에 지나치게 영향을 받거나 통제당하는 것을 피하려는 치료자의 노력은 환자가 치료에서 안전감을 느끼고 자율성을 갖게 하는 데 큰 도움이 된다. 이것은 보다 자발적이고 보다 깊은 감정 표현을 위한 토대를 제공한다. 따라서 환자의 전이 자각과 표현이 촉진된다.

중립성은 환자가 평소에 부정하고 억압하고 회피하였던 자기의 부분을 드러내려는 자발성을 촉진한다. Strachey는 환자가 처음에

는 자신의 초자아를 치료자에게 이양한다는 점에서 치료자의 중립성과 비판단적인 태도가 매우 중요하다고 가르친다. "분석을 받는 환자는 분석가를 자신의 초자아의 대리인으로 보는 경향이 있다." [27] 그래서 환자는 자신에 대한 치료자의 반응과 생각에 매우 민감해진다. 만일 치료자가 환자의 태도와 충동에 비판적이라면 환자는 그에 대한 언급을 피하게 되어 결국 탐색과 이해의 기회를 놓치게 된다.

치료자가 환자의 입장에 반대하거나 동조하면 환자가 자신의 입장을 탐색하고 검토하기가 더욱 어려워진다는 사실을 치료자는 알아야 한다. 환자의 입장을 반대하는 것은 환자에게 적대적인 환경으로 지각되어 의사소통을 어렵게 한다. 반면, 환자의 입장을 지지하는 것은 문제의 원인을 밖으로 돌리는 외재화 방어를 강화하고 피해자의 입장에 계속 머물도록 할 수 있다. [28] 게다가 환자를 편들어 줄 때 환자는 나중에 이런 치료자의 지지를 잃지는 않을까 하는 두려움을 가질 수 있다. 그렇게 되면 환자는 자신을 좋게 보는 치료자의 관점에 부정적인 영향을 줄 만한 것을 드러내기 어렵게 된다.

환자에게 중요한 어떤 사람에 대해 평가적 언급을 하고 싶다는 유혹을 받을 때도 중립성의 개념을 기억해야 한다. 환자는 비록 부모나 배우자에 대하여 좋지 않게 이야기하더라도 의식적인 수준에서 그들과 자신을 동일시하고 있는 경우가 많다. 이 경우, 예컨대 배우자에 대한 평가는 곧 환자에 대한 평가가 된다. 혹은 부모를 의식적으로는 미워하더라도 무의식적으로는 사랑하고 우러러볼 수도 있다. 또한 치료자가 누군가를 평가한다는 사실은 암묵적으로나 무의식적으로 환자도 평가하고 있다는 메시지를 전달하는 셈이 된다.

치료에서 중립적인 태도는 안전감과 자유로운 의사소통을 촉진하기 위한 것이지만 여기에는 주의할 점이 있다. 치료자는 사실상 자신의 정서적 분리와 고립적 성향을 합리화하기 위하여 침묵하며 중립적인 자세를 취할 수 있다. 환자의 대인관계 과정의 검토와 기술을 포함해서 지금-여기에서의 상호 소통을 피하는 이유가 중립성을 유지하기 위해서가 아니라 그런 작업이 치료자 자신에게 불편하기 때문일 수 있는 것이다. 중립성의 효과를 지킨다는 명목으로 환자의 대인관계 행동의 영향에 대해 치료자가 별다른 피드백을 주지 않는 경우, 이러한 피드백의 부족은 부작용을 가져올 수 있다. 치료자의 이런 태도는 환자에게 불안을 증가시키고 안전하지 않다는 느낌을 준다. 피드백과 상호 소통이 없을 때 환자는 자신의 모든 말이 인정받지 못한다고 느낄지도 모른다. 이때 인정받는 것에 예민한 성향의 환자는 마음대로 상상의 나래를 펴고, 그 결과로 생긴 불안감 때문에 개방적인 태도는커녕 방어적인 태도를 보일 수 있다.[29] 피드백이 없을 때 환자는 자신의 환상 속으로 빠져든다. 이런 환상은 잘못된 지각을 바로잡는 데 쓰인다면 생산적이지만, 종종 치료동맹을 해치고 치료자에 기인한 반응을 불러일으켜서 현실과 전이의 구분을 불가능하게 한다. "분석가가 '중립적' 자기 표현 뒤에 숨어 있는 한, 또 치료 시간 동안의 사건에 분석가 자신이 참여한 것에 대해 환자와 논의하지 않는 한, 환자가 자신의 경험을 이해하고 자신이 어떤 식으로 일상생활에서 그런 경험을 끊임없이 되풀이하고 있는지를 이해하는 것은 어려울 것이다."[30]

중립성: 바람직한 태도

> 환자는 침묵하고 있다가 웃기 시작했다. ······ 나는 그에게 웃음의 의
> 미를 물었다. 그는 나의 태도가 재미있다고 말했다. "당신은 모든 걸
> 있는 그대로 내버려 두는군요. 그저 비춰 주기만 하고 어떤 것도 통
> 제하거나 바꾸려고 하지 않아요."
>
> Theodore Dorpat, 1977, p. 53

치료자의 중립적인 태도는 환자가 치료자의 이상에 맞추어 사는
대신에 자기 자신을 발견하고 자신의 계획에 따라 살도록 도와준
다.[31] 이는 냉소적이지 않으면서도 어떤 것도 당연하게 받아들이지
않고, 모호함과 불완전한 마무리와 엇갈리는 관점을 잘 견딜 수 있
음을 뜻한다.[32] 이 과정에서 치료자는 관찰도 하고 참여도 하는데, 중
립적인 치료자란 환자가 어떤 다른 것을 이끌어 내려고 하더라도 여
전히 호기심과 개방성과 공감을 보여 줄 수 있는 사람을 말한다. 중
립성은 환자에 대한 정서적 무반응을 의미하지 않는다. 중립성은 치
료자의 공감적이고 진실하며 따뜻한 태도를 배제하는 것이 아니다.
오히려 전이 속에서 환자의 공격성이 드러나 자연스럽게 치료자의
공격적 반응을 불러일으키는 상황에서도 그런 따뜻함과 공감을 유
지할 수 있을 때 중립성이 가장 잘 표현된다.[33]

중립성은 끊임없이 도전받고 방해받는다. 따라서 치료자는 중립성을 재확립하기 위해 거듭 노력을 기울여야 한다. 치료자와 환자 사이에는 복잡한 상호작용이 있어서 적절한 치료적 중립성의 태도라는 것은 결코 충분히 실현되지 않으며, 설령 이루어진다 해도 오랫동안 유지되지 않는다. 그러나 Schafer는 인간의 한계와 가변성을 인정한다고 해서 치료를 위한 높은 기준을 가지려는 시도를 가치 없다거나 바보스러운 짓이라고 단언해서는 안 된다고 주장한다. "왜냐하면 분석의 효과는 이러한 이상에 접근하려는 분석가의 노력에 주로 달려 있기 때문이다."[34]

치료자의 적극성이 가져올 수 있는 문제

> 분석가가 상호작용에서 자기 자신을 활용하는 일에 더 자유로워질수록 경청의 과정은 좀 더 복잡해진다.
>
> Philip Bromberg, 1984, p. 33

중립성을 지켜야 하지만 그렇다고 전이 반응에 대해 치료자가 적극적인 태도를 취하지 말라는 것은 아니다. 치료자는 중립성을 훼손하지 않으면서도 환자의 자료를 적극적으로 직면하고 탐색하고 해석할 수 있다. 적극적인 태도는 지금-여기에서의 작업에 매우 중요하다. 그래서 치료자는 자신과 환자 사이에 일어나는 일에 대해 지속적으로 묻고 주의를 촉구하며 묘사하고 피드백을 준다. 다만, 이때 중립적이고 비판단적이며 비지시적인 태도로 해야 한다.

그러나 적극적이고 위험을 감수하는 치료자의 태도는 치료에 부작용을 가져올 수도 있으므로 세심한 주의가 필요하다.[35] 그 예는 다음과 같다.

(1) 치료자의 활동 수준이 높으면 치료자가 치료 작업의 대부분을 수행하는 듯이 환자에게 보일 수 있으며, 그 결과 치료의 책임에 대해 왜곡된 인식을 줄 수 있다. 환자는 자신도 모르게 치료의 구경꾼이 된다. 즉, 환자는 정보를 제공하고, 전문가인 치료자는 환자의 문제에 대해 해결책을 제공하는 모양새가 된다.

(2) 치료자의 적극적 활동에 내재하는 공격적 요소가 환자를 위협하고 치료자를 공격자로 보게 할 수 있다. 이는 치료자에 대한 피상적 순응을 가져온다. 환자가 방어를 풀고 생각과 감정을 솔직하게 표현할 수 있으려면 치료자와 함께하는 것이 안전하다고 느껴야 한다. 공격적이고 훈계하는 듯한 치료자의 태도는 중요한 주제에 대해 솔직하게 이야기하는 것을 막고 수동적 복종을 유도한다.

(3) 환자는 치료자에게 과도하게 자극되어 치료자 행동의 의미를 이해하는 데 비생산적으로 에너지를 낭비할 수 있다.

(4) 저항과 전이 표출을 초기에 적극적으로 해석하는 데 너무 집

착하면, 치료자는 환자의 이야기를 경청하기보다 어떻게 개입할까 하는 점에만 관심을 가질 수 있다. 이런 상황에서 환자는 치료자와 정서적으로 연결되어 있지 않다고 느낄 수 있다.

(5) 치료자가 더 적극적으로 반응하는 것을 배우는 과정에서 사례 개념화가 틀리거나, 해석할 때 환자의 오해를 살 가능성이 커진다. 노력해도 원하는 결과를 얻지 못하면 치료자는 소진되고 죄책감과 패배감을 느낄 수 있다. 그 결과로 치료자는 치료 방식 자체에 대한 믿음을 잃을 수도 있다.

(6) 지금-여기에서의 작업의 적극적이고 상호작용적인 특성은 환자의 적응적 방어를 훼손하고, 치료자가 신경증적 행동화에 개입되도록 할 가능성을 높일 수 있다.

긍정적 전이에 대한 지나친 강조

정신분석에 관한 첫 번째 저작에서 마지막 저작에 이르기까지, Freud가 환자와 분석가 간의 정서적 관계의 중요성에서 눈을 떼거나 소홀히 한 적은 한 번도 없었다. 치료과정에 관한 그의 글 전체에서 이해와 애착이 각각 그 중요성을 놓고 계속 다투고 있음을 찾아볼 수 있을 것이다. 다만, 좀 더 자세히 들여다보면 둘 간의 다툼이 대등한 싸움이 아니라 이해 쪽의 생존을 위한 투쟁임을 알게 될 것이다. 분명히 Freud는 이성의 소리에 관해서는 타의 추종을 불허한다. 하지만 그는 이성을 응원하면서도 동료에게 거기에 모든 것을 걸지 말라고 충고하고 있는 듯이 보인다.

Lawrence Friedman, 1978, p. 526

치료자들은 따뜻하고 지지적인 긍정적 전이관계를 형성하고 유지하는 일을 지나치게 강조하느라 지금-여기에서의 작업을 해치는 경우가 있다. 이 장에서는 긍정적 전이의 활용과 남용에 대해 논의하고자 한다.

자연스럽게 형성되는 긍정적 전이

환자를 치료와 의사라는 존재에 애착을 갖도록 하는 일은 여전히 치료의 첫 번째 목표가 된다. 그렇게 하기 위해서는 환자에게 시간을 주는 일 외에 달리 할 일은 없다. 치료자가 환자에게 진지한 관심을 보이고 초기에 나타나는 저항을 조심스럽게 제거하고 몇 가지 실수만 피한다면 환자는 스스로 그러한 애착을 형성하고 자신을 애정으로 대해 주었던 사람의 이미지 중 하나를 의사와 연결시키게 된다.

Sigmund Freud, 1913, p. 139

Freud는 환자와 치료자 간의 튼튼한 관계가 치료에 결정적이며,

사실 그런 관계야말로 치료 성공의 매개체라고 보았다. 그는 환자가 치료자에 대해 가지는 이런 우호적이고 다정하며 현실 지향적인 애착을 '반대할 수 없는 긍정적 전이'라고 하였다. 그는 전이의 이런 측면을 '심리적 발달의 전 과정을 관통하며' '현실을 지향하는' 것으로서 성격의 의식적 부분이 '재량권을 가진' 것으로 보았다.[1] 반대할 수 없는 긍정적 전이는 환자와 치료자 사이에 라포를 촉진한다. 이것은 다른 두 가지 전이 요소, 즉 부정적이고 적대적인 충동의 전이와 억압된 성애적 충동의 전이와는 구별되었다. 적대적 전이와 성애적 전이는 치료과정의 방해물로 간주되고 분석의 대상이 되었다. 반면, 반대할 수 없는 긍정적 전이는 장려되었으며 분석의 진행을 돕는 정서적 유대로 간주되었다.

오늘날 반대할 수 없는 긍정적 전이라는 개념은 여러 다른 용어, 즉 기본적 전이나 성숙한 전이와 같은 이름으로 부르거나, 치료동맹이나 작업동맹과 같은 좀 더 포괄적인 개념에 포함되기도 한다.[2] 이 용어들의 정확한 의미는 조금씩 다를 수 있겠지만, 이들은 모두 역동적 치료자들이 환자-치료자의 강력한 신뢰관계 형성을 중요시한다는 점을 반영하고 있다. 여기서는 이러한 관계를 가리키는 말로 긍정적 전이라는 용어를 쓰기로 한다. 이 개념은 한편으로는 현실의 치료 장면, 즉 실제 상호작용에 대한 환자의 반응을, 다른 한편으로는 부모를 신뢰하고 그들에게 애정 어린 대우를 받고 싶었던 아동기 소망의 전치를 반영한다.

긍정적 전이의 활용

사람들을 다시 세상으로 돌아가도록 동기를 제공하는 방법은 무엇일
까? 그들이 당신과 사랑에 빠지도록 하면 된다. 달리 어떤 방법이 있
겠는가?

Elvin Semrad, 1980, p. 120

환자-치료자 관계가 가진 치유적 속성이 심리치료의 필수 요소라
는 점은 분명하지만, 이런 관계가 어떻게 형성되는지 혹은 이 관계
를 정확히 어떻게 활용할 것인지에 대해서는 치료자 간에 합의된 내
용이 없다. 정신분석 문헌에는 치료관계에 대한 두 가지 갈등적 견
해가 서로 조화를 이루지 못한 채 공존하고 있다.[3] 하나의 입장은 중
립성을 강조하는 것으로서 통찰과 이해와 성장을 촉진하는 데 해석
을 활용할 것을 강조한다. 다른 하나의 입장은 정서적으로 개입하며
반응하는 치료자의 모습에 압축되어 있다. 여기서 치료자는 강한 정
서로 결속된 환자-치료자 관계를 이용해서 치료적 영향력을 발휘한
다. 여기에는 환자를 지지하고 그의 잠재 능력을 실현시키기 위한
언어적 해석이 포함된다. 이 접근은 공감, 애착, 구체적인 욕구의 충
족을 선호한다.

이러한 중립적 · 해석적 접근 대 공감적 · 재구성적 접근의 효율성
을 둘러싼 논쟁을 잠깐 내려놓고 보면, 역동적 치료자들은 긍정적

145

전이의 중요한 기능이 치료과정에 불가피하게 동반되는 불안과 좌절을 견디게 해 준다는 데 있다는 견해에 대부분 동의하는 것 같다. 실제로 Freud는 환자가 치료 작업을 계속할 수 있도록 기본적인 동기를 주는 것은 긍정적 전이라고 생각했다. "(그것은) 피분석자가 분석 작업에 협조하도록 하는 가장 강력한 동기다."[4] 치료자의 호의를 얻고 유지하고자 하는 환자의 소망은 자기탐색과 변화에 대한 저항을 극복하는 데 매우 중요하다. 또 긍정적 전이는 해석의 활용에도 결정적인 역할을 한다. "환자가 해석을 귀담아 듣고 신중히 받아들일 수 있게 만드는 것이 바로 긍정적 전이관계다!"[5] 이런 따뜻하고 신뢰가 있는 애착과 치료자에게 만족을 주고 싶은 소망은 치료적 탐색 과정에서 느끼는 스트레스와 불편감에 대처하도록 하는 데 도움을 준다. 환자가 치료자를 신뢰하고 따뜻한 감정을 느끼면, 대개 일시적인 불안과 혼란을 견디고 심리치료 과정을 계속할 수 있게 된다.[6] 환자는 긍정적 전이를 발달시키는 바로 그 정도만큼, 저항이라는 불가피한 과정을 통과하는 동안에도 좋은 대상관계를 위한 가능성을 지켜 나갈 수 있다.[7]

강한 치료적 애착의 중요성을 약간 다르게 개념화할 수도 있다. 치료동맹은 치료과정에서 나타나는 퇴행을 생산적인 수준으로 유지시켜 주는 기능을 한다.[8] 환자는 건설적인 퇴행을 통해 유아기 갈등을 다시 드러내고, 그것을 재작업하고 재조직하여 갈등에 대한 통제력을 키워 나간다. 환자의 방어를 부드럽게 무력화함에 따라 무의식적 충동은 그 초점을 점점 더 치료자에게 맞추게 된다. 이것을 견디기 위해서는 강력한 동맹이 필요하다. 환자가 퇴행할 때는 표면으로 올라오는 감정을 견딜 수 있을 정도의 치료동맹을 맺고 있어야 한다. 환자는 굳건한 동맹이 있을 때만 무의식적 갈등을 파헤치는 위험을 감수하려 할 것이다.

> 우리는 환자에게 유아적 대상을 포기하도록 요구하는 대신에 성인 대상을 제공한다. 이런 보상이 없다면 아마 어떤 치료도 불가능할 것이다.
>
> Sidney Tarachow, 1963, p. 21

긍정적 전이의 지나친 강조

지금-여기에서의 작업은 환자-치료자의 상호작용을 둘러싼 솔직한 교류에 기꺼이 참여할 것을 요구한다. 치료자는 두 사람 간의 상호작용의 특성과 환자의 대인관계 성향을 탐색하고 또 환자에게도 이를 탐색하도록 독려한다. 환자의 방어 양식도 자주 직면시킨다. 이 작업과정에서 불안과 적개심이 일어날 수 있지만, 대인관계 양식의 근간을 이루는 것을 살펴보려면 이는 반드시 필요하다. 그러나 치료자는 좋은 조력자라는 이미지를 형성하는 일에 필요 이상으로 초점을 맞춤으로써 지금-여기에서의 작업에 저항할 수 있다. 치료에서 좌절을 주는 측면은 회피하고 만족을 주는 측면만을 강조하고, 많은 대가를 지불하면서도 지지적이고 편안하고 긴장 없는 관계만을 유지하려고 할 수 있다. 이렇게 되면 치료자와 환자가 두 사람 간의 관계를 생산적으로 탐색하기가 어려워진다.

긍정적 전이를 지나치게 강조할 때의 문제점

환자를 대면하는 치료자의 태도는 환자의 반응에 큰 영향을 미친다. 환자의 욕구를 충족시키는 치료자는 대부분 환자한테서 (적어도 의식적으로는) 감사하는 태도를 불러일으킨다. 그러나 그런 행동은 이후의 전이 발달, 특히 적대감이나 분노 감정의 발달을 방해한다. 환자로서는 헤아릴 수 없는 많은 지지와 만족을 제공해 준 치료자한테 분노를 느끼기 어려울 것이다. 치료자가 과도하게 만족을 주고 친절하기만 하면 불쾌한 내사를 치료자에게 투사할 수 있는 환자의 능력이 저해되어 그런 감정을 확인하고 탐색하기가 어려워진다. 그 결과 공격성을 둘러싼 환자의 갈등을 다룰 수 없다.

치료자가 항상 친절하고 자상하기만 하며 직면을 회피하는 것은 환자가 좌절에 대한 반응을 억압하도록 강화하는 셈이 된다. 이런 치료자는 실망감과 분노를 다루는 환자의 전형적인 방식과 환자의 공격성을 전혀 보지 못하고, 그 반응 속에 내재하는 갈등을 실제 상황에서 탐색하고 다룰 수 있는 기회를 결코 가질 수 없다. 환자의 공격성이 억제되면 그런 감정은 치료 밖에서 행동화되기 쉽다. 또한 공격성 억제는 과도한 의존적 전이를 가져올 수도 있다. 이 경우 환자는 끈덕지게 매달리는 관계 특성을 통해서 자신의 적개심을 표현하는 동시에, 치료자에 대해 의식적으로 가지고 있는 긍정적 감정이라는 수단을 통해서 이 적개심을 방어한다.[9]

공격성 억제와 관련된 또 다른 문제는 분노와 공격성의 표현이 환자/아동의 정서 발달에 중요한 역할을 한다는 점이다. 분노는 치료자/어머니에게서 분리되게 하는, 발달적으로 적절한 추진력의 일부가 된다.[10] 그래서 환자의 분노가 억제되면 심리적 분리의 점진적 획득이 어려워진다.

치료에서 따뜻하고 지지적인 분위기가 중요한 것은 치료자를 지지적이고 자신을 인정해 주고 도움을 주는 인물로 내재화하는 일이 긍정적 정서 상태에서 더 잘 일어나기 때문이다.[9] 이러한 내재화의 유익은 자명하지만, 환자를 대할 때 '전적으로 좋기만 한' 이상화된 역할에 빠지지 않도록 조심해야 한다고 한 Heimann의 경고에 귀를 기울여야 한다.[11] Heimann에 따르면, 환자는 현재 자신의 초자아에 자리 잡고 있는 가혹한 내사의 압력을 친절하고 온유한 치료자의 이상화된 이미지를 내사하여 피하고 싶어 한다. 온유한 치료자와 접촉함으로써 환자의 초자아에 어느 정도 변화가 생길 수 있지만, 그 실질적 변화는 자신의 충동, 불안, 갈등에 대해 훈습함으로써 얻는다. 이렇게 되지 않으면 환자의 무의식 속에서는 친절한 치료자의 이상화된 이미지와 자신의 원래 부모의 이미지와 관련된 가학적 감정이 계속 교차할 것이다. 그럴 때 환자의 초자아는 구원자 아니면 악마가 되어 지나치게 관대하거나 가혹해진다.

긍정적 전이를 사용해 치료자를 내재화하고 동일시하도록 북돋는 것과 관련하여 주의할 점이 또 있다. 많은 경우 치료자에 대한 이상화는 종교적인 애착과도 유사한, 매우 집요한 전이적 유대의 형성으로 이어진다. 이런 애착은 치료자와의 현실적이고 절제된 동일시가 아닌 과도한 동일시를 초래하며, 환자가 자신의 고유한 정체성을 찾아가는 과정을 방해한다.[12]

> 성인 환자의 내면에는 왜곡된 내사가 자리 잡고 있다. 좋은 경험을 쏟아 부을 수 있는 빈 그릇이 아니다.
> Rubin Blanck & Gertrude Blanck, 1977, p. 39

역전이와의 관련성

"관계가 치료한다"는 격언을 치료자가 지나치게 강조하는 것은 지금-여기에서의 전이관계 탐색에 불가피하게 수반되는 불안 때문일 수 있다. 불안은 많은 경우 미해결 역전이 문제와 관련된다. 치료관계는 자신이 사랑받을 만한가의 문제, 자기 가치감, 외로움, 정서적 접촉 욕구 등과 관련된 불안을 치료자에게서 유발할 수 있다. 이런 감정이 자극되면 긍정적 전이를 촉진하고 싶어진다. 중요한 존재라고 느끼고 싶고 자신이 통제하고 있다고 느끼고 싶을 때, 그리고 이상화해 주는 타인의 도움 없이는 자존감을 유지할 수 없을 때 이런 경향은 더 커진다.

긍정적 전이를 강조하는 것은 또한 공격적 충동과 관련된 치료자 자신의 갈등 때문일 수 있다. 치료자 본인의 공격적 소망뿐만 아니라 환자의 분노까지 견뎌야 하는 상황이 힘들게 느껴질 때, 치료자는 반동형성의 색채를 지닌 방어에 의지하기 쉽다. 그 결과 치료자는 지나치게 온정적이고 치료적인 인물인 듯한 인상을 준다.[13] 이런 치료자는 환자의 비위를 맞추는 행동에 치우쳐서 필요할 때 확고한 한계를 긋는 일이 매우 힘들다. Winnicott이 말한 대로, 다른 사람을 미워하는 마음을 용납하지 못하면 피학성에 이르기 쉽다.[14]

역전이에서 비롯된, 지금-여기에서의 전이 분석에 대한 또 다른 저항이 있다. Bird는 환자가 자신이 살아온 이야기를 할 수 있게 해 주며 죄책감을 고백하고 야망을 표현하고 자신의 혼란을 탐색할 수 있게 해 줌으로써 치료자가 어떤 도움과 위안을 줄 수 있는지 논의하였다. 치료자의 능숙한 질문과 관찰, 해석을 통해 인생을 배우는 것이 환자에게는 또 다른 도움이 된다. 이런 유익을 고려하면 치료 상황이 환자에게 주는 실제적 가치는 매우 강력한 것일 수 있다. Bird에 따르면, 이런 형태의 도움이 가진 문제점은 "이것이 계속되다 보면 그 영향이 너무나 실제적이고 직접적이며 지속적인 나머지, 환자가 전이 상황에 충분히 깊이 잠길 수가 없어서 자신에게 가장 장애가 되는 내적 갈등을 해소하는 것은 고사하고 그런 갈등을 인식하는 것조차 못하게 되는 것이다."[15] 직접적인 도움이란 환자나 치료자 모두에게 매우 유혹적인 것이다. 이 유혹 때문에 치료자가 환

151

자와 지금-여기에서의 전이 표출을 별로 다루지 않은 채 지혜롭고 호의적인 조력자 역할을 맡고 유지하는 길로 빠지게 될 수 있으며, 실제로 그런 일이 많이 생기는 것이다. 이처럼 전이를 적절하게 일으켜서 작업하지 못하는 것이 정신역동적 치료를 실패로 몰고 가는 주된 원인이 된다.

09

전이와 전이가 아닌 것을
구분하는 일의 어려움

정신분석의 과정 동안 환자가 정서나 충동의 형태로 경험하는 것
이 모두 전이는 아니다. 만일 분석에 진전이 없다면 환자는……
화낼 권리가 있으며, 그의 분노가 반드시 어린 시절에서 오는 전
이일 필요는 없다. 아니 좀 더 정확히 말하면 분석가는 그 안에
전이 요소가 있음을 보여 주는 데 성공하지 못할 것이다.

Otto Fenichel, 1941, p. 95

지금-여기에서의 전이 분석은 치료자가 환자의 전이 행동과 비전이 행동을 구별하지 못할 때 위태로워질 수 있다. 이런 구분의 어려움은 (1) 전이에 기초한 반응과 현실에 기초한 반응을 구별하는 과정에 대한 치료자의 저항, (2) 전이와 현실을 구분하는 일 자체의 곤란함에서 비롯된다.

치료자 저항

치료자는 전이와 비전이 현상을 구별하지 못해서 지금-여기에서의 전이 분석을 저해할 수 있다. 치료자가 약속 시간에 몇 분 늦어서 환자가 이에 대해 감정을 표현하는 상황을 가정해 보자. 전이를 효과적으로 다루려면 치료자와 환자는 무엇이 치료자가 늦게 와서 생긴 감정이고, 무엇이 과거의 자기애적 손상의 재생에서 생긴 감정인지를 구별해야 한다. 현실적인 반응과 과거로부터 전치된 반응을 구별하는 것은 환자와 치료자 모두에게 부담을 주는 어려운 일이다.

이 과정의 어려움 때문에 치료자는 그것을 회피하게 된다. 앞의 예에서 치료자는 늦은 것에 대한 환자의 반응이 전적으로 적절하고 정당하다고 인정해 버릴 수 있다. 그는 간단히 사과해서 환자를 달래고 다른 주제로 넘어가기를 바랄 수 있다. 이런 방식의 접근은, 환자가 이를 수용한다 하더라도 치료자가 지금-여기에서 환자가 느끼는 감정과 불편함을 탐색하기를 꺼린다는 인상을 전달할 것이다.

반대로 치료자는 환자의 반응을 전적으로 전이에 기초한 것으로 간주할 수도 있다. 치료자 자신이 실제로 어떻게 환자의 반응을 만들어 내는지, 또는 적어도 어떤 식으로 그 반응에 기여하는지를 보지 못한 채 환자의 반응을 전적으로 환자의 내적 과정에 귀인하려고 한다면 이는 분석 작업에서 큰 문제가 된다.[1] 이러한 태도는 치료동맹을 손상시키고 치료자의 관찰을 활용하는 환자의 능력을 제한하게 된다. 치료자가 자기 행동의 결과를 인정하지 않는 것에 환자가 화가 나게 되면, 방어적인 행동이 촉발되고 더 깊은 탐색은 저항을 받게 될 것이다.

치료자는 너무 자주 자신에 대한 환자의 모든 태도를 전이에 포함시킨다. 환자의 반응을 이렇게 보는 태도는 치료자의 방어로 사용될 수 있다. Szasz는 환자의 반응에 미리 이름이 붙어 있는 것이 아니라 환자의 반응에 전이라고 이름 붙이는 것은 치료자의 평가일 뿐이라고 말한다.[2] Szasz는 Freud의 가장 위대한 공헌으로 전이 개념을 들면서 이 개념에 두 개의 목적이 있다고 하였다. 첫째, 전이는 환자의 치료 경험에서 핵심적인 부분이다. 둘째, 전이는 환자에 대한 너무 강한 정서적 개입과 실생활의 개입에서 치료자를 보호해 주는 성공적인 방어 수단이다. Freud는 전이 개념을 발견함으로써 Breuer와는 달리 환자-치료자 관계의 정서적 강렬함에서 한 걸음 물러설 수 있었다. 환자가 치료자를 사랑하거나 미워할 때 치료자가 이러한 태도를 전이로 볼 수 있다면, 치료자는 환자가 이런 감정이나 태도를 가지고 있는 대상이 자신이 아니라고 스스로를 설득하는 셈이 된다. "환자가 실제로 사랑하거나 미워하는 사람은 분석가가 아니라 다른 누군가다. 무엇이 이보다 더 설득력이 있겠는가?"[3]

전이를 이렇게 사용한다는 것은 환자의 강렬한 감정의 의미를 이해하는 동시에 그 감정의 즉각적인 영향력에서, 두 당사자를 보호한다는 점에서 매우 촉진적인 것이며 또 천재적인 발상이라고 볼 수 있다. 그러나 Szasz는 전이가 환자와 거리를 두는 기계적이고 자동적인 방법을 제공할 수도 있음을 지적하였다. 전이라는 개념은 치료자가 상호작용에서 거리를 두도록 돕는다. 그러니까 "그는 나에게 반응하는 것이 아니라 내가 상징하는 인물에 반응한다"는 태도를 갖게 하는 것이다. 비록, 전이 개념이 치료적으로 개입하기 위해 필요한 정서적 공간과 거리를 준다는 점에서 유용하기는 하지만, 환자의 행동이 주는 정서적 영향과 그것이 치료자 행동에 대해 가지는 의미를 회피하기 위해서 치료자를 불안하게 만드는 모든 행동을 무조건 전이로 해석하는 것은 반드시 피해야 한다.

환자의 모든 반응을 치료자에 대한 현실적인 반응이라고 경직된 자세로 보아 전이와 비전이를 구분하지 못하는 것과 모든 반응을 전이라고 기계적으로 할당하는 것은, 지금-여기에서의 경험에 내포된 정서에 대한 저항이자 환자-치료자 관계의 영향에 대한 방어일 수 있다. 무엇이 현실에 기초한 것이고, 무엇이 전이에 기초한 것인지에 대하여 균형 있는 탐색을 할 수 있으려면 개방성과 유연성, 그리고 불확실함과 모호함에 대한 인내심을 갖추어야 한다. 이렇게 둘을 구분하는 작업에 내재된 불안을 피하기 위해서 어느 한쪽의 입장으로 피하는 것이 그 사이에서 균형을 찾는 일보다 훨씬 더 쉽다. 물론, 이런 경우 협력과 동맹과 더 많은 통찰을 위한 기회는 상실된다.

> 분석 상황에서 전이를 실제가 아니라고 칭하는 것은 환자의 곁에서 느낄 정서의 강렬함으로부터 분석가를 보호하여 초연한 관찰자의 역할을 하도록 한다.
>
> James McLaughlin, 1981, p. 659

전이와 현실을 구분하는 일 자체의 어려움

환자-치료자 관계를 전이 혹은 비전이 현상으로 쉽게 구분하기는 어렵다. 여기에는 다음과 같은 이유 때문이다. (1) 전이와 현실은 상호 의존적인 개념이다. (2) 우리는 현실을 지각하는 동시에 현실을 구성한다. (3) 치료자는 그가 이해하고자 하는 상호작용을 관찰하는 동시에 거기에 참여한다.

전이와 현실의 상호 의존성

치료적 관계에 대한 보수적인 관점은 전이와 비전이의 이분법을 가정한다.[4] 이러한 관점은 치료자가, 또 어느 정도는 환자도 전이와 현실적 지각 사이의 차이점을 알 수 있음을 가정한다. 그러나 전이를 왜곡으로 보고 비전이를 현실로 보는 이분법은 환자와 치료자 관계의 실제 특성을 제대로 반영하지 못한다는 주장이 있다.[5] 전이와 현실은 서로 분리되어 성립할 수 없는 상호 의존적인 개념이다. 전이 없는 현실도, 현실 없는 전이도 존재하지 않는 것이다.

Loewald는 현실적 관계가 전이와 무관하다는 주장에 오류가 있음을 지적하였다. "만약 전이가 없으면 현실이나 현실적 관계라는 것도 없다. 모든 현실적 관계는 무의식적 이미지를 현재의 대상에게 전이하는 것을 포함한다."[6] McLaughlin 또한 우리가 우리 자신과 세상에 대해 알고 있거나 알 수 있다고 느끼는 모든 것, 즉 우리의 심리적 현실은 전이에 따라 그 모습을 갖추는 심리적 구조화를 통해서만 우리의 것이 될 수 있다고 주장하였다.[7]

치료자에 대한 환자의 지각은 다양한 감정과 태도의 혼합물이며, 아동기의 소인(전이)과 성인의 자아 기능(현실) 모두를 반영한다. 이 둘은 서로를 채색하고 끊임없이 움직이면서 영향을 주고받는다. 지금-여기에서의 관계 경험이 과거나 현재에 의해 영향을 받는 정도는 환자에 따라 매우 다르고 또 치료 시점에 따라 현저하게 변할 수 있다. 그렇지만 환자의 태도가 과거 혹은 현재 어느 한쪽에 따라 전적으로 결정된다는 생각은 추상적 관념에 불과하다. Gill에 따르면, "아무리 부적절한 행동이라도 그것은 어느 정도 현재와 관련되어 있고, 아무리 적절한 행동이라도 그것은 어느 정도 과거와 관련되어 있다."[8]

우리는 현실을 지각하는 동시에 구성한다

현실은 미리 만들어 주어지는 것도 아니고 절대적인 것도 아니다. 우리는 자신과 타인에 관한 경험을 이해하고 정의 내릴 때 적극적인 역할을 한다. Wachtel은 Piaget의 인지발달 연구를 인용하면서, 개인은 자극 자체에 직접 반응하지 않으며, 현실을 지각하는 만큼이나 현실을 스스로 만든다고 주장한다. 우리는 자극에 종속되지 않으며 외부 자극에 반사적으로 반응하지 않는다. 또한 자신의 존재를 규정하는 경험과 구조에 따라서 새로운 입력을 선택적으로 조직화하고 그것에 의미를 부여한다. 이러한 맥락에서, 전이는 앞선 경험에 토대를 둔 구조와 예상에 따라서 새로운 사건을 경험하는 경향성이라고 할 수 있다.[9] 전이는 관계를 이해하는 수단인 동시에 관계를 형성하는 수단이기도 하다.

치료자는 관찰하는 동시에 참여한다

> 치료자는 치료 면접 중 일어나는 모든 일에 관여하지 않을 수 없다.
> 면접 중에 자신의 참여를 의식하지 못한다면 바로 그 정도만큼 무슨
> 일이 일어나고 있는지 모르는 것이다.
>
> H. S. Sullivan, 미간행 문서

전이와 비전이 현상을 구분하는 일이 복잡해지는 또 하나의 이유는
치료자가 이해하려고 노력하는 그 상황에 치료자 자신이 영향을 주고
받는다는 사실 때문이다. 환자의 지각 중 무엇이 그 자신의 개인적 심
리의 결과고, 무엇이 치료자의 행동에 대한 현실적 반응인지를 분명
히 하는 것은 쉬운 일이 아니다. Sullivan의 참여 관찰이라는 개념의
핵심은 관찰자는 관찰하고 있는 바로 그 대상에 항상 영향을 준다는
것이다. 치료자에 대한 환자의 반응은 치료자를 어떻게 지각하느냐에
영향을 받지만, 그 치료자의 행동은 다름 아닌 환자에게서 영향을 받
는다. 여기서 전이와 역전이 사이에 어떤 맞물림이 일어난다.[10] 치료
자와 환자는 순환적으로 서로 영향을 미친다. 치료자가 자신을 순백
의 스크린으로 믿는 경직된 신념을 가지고 있을 때만 환자의 반응을
전적으로 환자의 내부에서 나오는 것으로 여길 수 있을 것이다.[11]

치료자의 반응이 환자의 후속 반응에 영향을 준다는 것을 안 후로
치료자는 환자와의 관계에서 너무 억제되고 경직되는 경우가 많아

졌다. 이 또한 아무런 도움도 안 되는 극단적 태도가 될 수 있음을 인식한 Gill은, 치료자는 자신이 영향을 미치는 것에는 덜 신경 쓰고 대신 자신에 대한 환자의 경험을 탐색하는 것에 더 많이 관심을 기울여야 한다고 제안하였다.[11]

치료자는 자신의 성격 또는 행동을 무미건조하게 중화시킬 수는 없다. 다만, 자신에 대한 환자의 경험에 자기가 어떤 식으로 영향을 미치고 있는가는 반드시 고려해야 한다. 치료관계의 경험을 확인할 때 치료자는 환자가 가진 태도뿐만 아니라 환자가 생각하기에 치료자가 자신에 대해 가지고 있다고 믿는 태도에도 민감해야 한다.[11] 환자가 지각한 치료자의 태도를 자세히 살펴보는 일은 치료자에 대한 환자 자신의 감정을 드러내도록 촉진한다.

> 치료자가 아무리 자신을 순수한 관찰자로 여기더라도 좋든 싫든 그는 관계에 항상 참여한다.
> Edwin Kasin, 1977, p. 365

전이 잔여물: 전이를 자극하는 치료자의 행동

치료자의 실제 행동과 특성이 환자의 전이 반응을 촉발한다는 사실이 점차 널리 인식되었다. 전이 왜곡은 그 계기를 마련해 주는 현실적인 고리를 가진다.[12] Gill은 전이를 촉발하는 현재의 자극을 꿈을 부르는 낮의 잔여물(dream day residue)에 비유하여 전이 잔여물(transference residue)*이라고 불렀다.[13] 전이 반응을 자극하는 사건의 범위는 넓지만, 치료 시간 중에 일어난 일과 환자의 반응이 결코 완전히 무관할 수 없음을 치료자는 잊지 말아야 한다.

전이 잔여물을 확인하기는 어렵다. 치료자 입장에서는 사소한 행동(예컨대, 대수롭지 않게 던진 말 한마디)에도 환자는 심각하게 반응할 수 있기 때문이다. Fenichel은 '우리는 분석 중에 전이 반응의 계기가 된 실제 사건이 비교적 사소하다는 점에 거듭 놀라게 된다'고 하였다.[14] 환자의 반응은 치료자뿐만 아니라 환자 자신에게도 대수롭지 않게 보일 수 있다. 낮의 잔여물 중 사소한 측면에 전치가 일어나 꿈을 꾸듯이 사소한 것에 전치가 일어날 때 그 전치는 더 큰 저항을 가져올 수 있다.

전이를 자극한 것이 무엇인지 찾기 어려운 것은 그것이 갈등이 있는 자료와 관련이 있기 때문이다. 짧은 순간 환자의 의식에 떠올라도 그것은 재빨리 부인된다. 환자는 방어적 목적으로 타인의 행동과 그 행동(및 그 사람)에 대한 자신의 반응 사이의 관계를 부인하는 것을 학습하였을 수 있다. 만일 그렇다면 치료에서 이러한 부인은 생애 초기의 것을 반복하는 것이다.[15] 이런 부인이 언제, 어떻게 나타나는지 알아내는 능력은 치료에 큰 도움을 준다.

---

* 정확하게 말하면, 전이를 자극하는 분석 상황의 잔여물(transference analytic-situation residue)이다. Gill, M. M. (1982). *Analysis of Transference*(Vol. 1). International Universities Press. p. 85. 참조. – 역자 주

자극이 반응을 정당화하는가

우리는 지금-여기에서의 작업 중에 환자가 치료관계를 어떻게 경험하는지를 더 분명하게 이해하기 위해 노력하며, 또 치료자의 행동 중 어떤 점이 환자의 반응을 정당화하는 근거로 사용되는지를 알기 위해 노력한다. 전이 반응은 지금-여기에서 늘 그럴듯한 근거를 갖는다. 전이 해석은 치료에서 지금 발생하고 있는 일과 전이 사이의 연결점을 찾는 일에서 출발한다. 예를 들면, 치료자를 통제적인 사람으로 지각하는 환자에게는 발생학적 해석을 피하고, 환자의 입장에서 그 감정의 근거가 될 만한 지금-여기에서 일어난 일을 탐색하는 것이 가장 좋다. 환자가 치료자에 대해 특정한 경험을 하게 될 때 치료자는 그 경험에 이유를 제공한 자신의 행동이 무엇이었는지를 이해하려고 노력해야 한다.

치료자의 어떤 행동이 환자의 반응을 불러왔는지 혹은 치료자가 어떤 식으로 환자의 반응에 기여하였는지 탐색하는 것은 환자의 시각과 상호작용 방식을 탐색할 수 있는 바탕을 제공한다. 치료자와 환자는 환자가 무엇에 반응하고 있으며, 이런 자극이 환자의 경험을 정당화하는 근거가 될 수 있는지를 알기 위해 함께 노력하게 된다. 만약 전이 잔여물이 그런 반응을 일으키기에 충분하지 않다고 확인되면, 이때는 환자의 반응을 일으킨 다른 전이 요소를 탐색할 수 있다. 환자가 무엇에 반응하며 그 반응이 그 자극에 합당한지 서로 확인하는 이러한 일련의 과정은 자기 반응에 대한 자기 자신의 성격적 기여를 탐색하려는 환자의 자발성을 이끌어 내는 데 큰 역할을 한다. 이에 대해 Gill은 다음과 같이 말한다.

> 만약 (환자가 자신의) 결론에 대한 근거로 삼았던 것을 살펴보고, 실제 상황이…… 그것과는 다른 의미를 가질 수 있다는 점이 명확해지면 그는 더 기꺼이 자신의 선입견, 즉 전이를 생각해 보려고 할 것이다.[16]

전이 반응의 실제 이유를 확인할 수 있다면 환자는 자신이 어떻게 상황을 지각하고 해석하는지, 즉 미리 가진 생각과 예측 및 편견이 어떤 식으로 지각에 영향을 미치고 또 이런 지각이 어떤 식으로 문제를 만들어 내는지를 검토하기 시작할 것이다. 한편으로 이런 작업은 환자의 지각이 문제를 만들지 않는 상황을 확인하고 환자 자신의 장점을 자각하는 일에도 도움이 된다.[17] 환자는 자신이 별 어려움 없이 잘 다룰 수 있는 상황이 어떤 것인지 알게 된다. 환자의 장점을 확인하는 데 초점을 두는 일을 지지적 치료로 낮추어 보는 분위기가 있으나, 이는 사실 모든 치료에서 중요한 요소가 된다.

유연성 대 경직성

전이 저항을…… 훈습해야 하는 이유는 그것이 중요한 비밀을 숨기고

있기 때문이 아니라 근본적으로 환자에게 경직성을 가져다주기 때문
이다.

Arnold Cooper, 1987, pp. 81-82

　　지금-여기에서의 작업의 목표는 환자-치료자 관계의 본질에 대
해 두 사람 모두 타당하다고 합의할 수 있는 이해에 이르는 것이다.
그러나 이러한 이해에 도달하는 일은 쉽지 않다. 다만, 우리에게는
실제에 가까이 다가가는 길이 있을 뿐이다. 관계를 검토할 절대적
준거가 되는, 맥락에서 자유로운 실제라는 것이 없음을 명심해야 한
다.[18] 무엇이 현실이고 왜곡인지를 대비하는 것보다는 환자의 대인
관계 태도가 가진 경직성과 유연성을 대비하는 것이 더 유용하다.[5]
여기서 환자의 왜곡 경향성은 덜 강조된다. 대신 상황을 달리 볼 수
있는 수많은 방법과 환자가 그중 특정한 하나를 선택하는 방식에 초
점을 둔다. 이렇게 치료자의 도움을 받아 환자는 동일한 상황에 대
해 이전에 그가 도달하였던 해석 이외에도 더 많은 해석이 있을 수
있다는 것을 생각하게 된다. 그런 다음에 환자는 사건에 대한 그의
해석이 부분적으로는 그 자신이 제공하는 것에서 나왔다는 점을 살
펴보도록 도움을 받는다. 현실의 왜곡을 '교정'하는 것보다 환자 자
신이 경직되게 선택적으로 사건을 지각하고 구성하고 있음을 이해
하도록 돕는 것이 더 중요하다.[11] 다음 사례를 보자.

　　어머니를 기분 나쁘게 할 때마다 어머니에게서 냉담한 반응을 경험하

였던 한 환자는 치료 회기를 시작할 때 치료자가 조용히 듣고 있는 것을 자신을 벌주고 거부하는 것으로 지각하였다. 이것은 분노와 그 분노의 수동 공격적 표현, 즉 침묵하면서 자신의 생각과 감정을 억제하는 행동을 가져왔다. 그래서 치료적 난국이 생겼다. 치료자에 대한 그의 기대와 치료자의 행동에 대한 지각이 논의되었다. 또한 치료자는 자신이 그 상황을 어떤 식으로 지각하였으며 조용히 듣고 있는 행동을 통해 무엇을 하려고 했는지를 설명하였다. (치료자는 환자에게 어떤 이야기를 할 것인지 결정할 기회를 주고, 환자가 자유롭게 자신의 감정을 탐색할 여유를 주고자 하였다.) 이런 논의를 통해 환자는 치료자의 행동 뒤에 있는 동기가 어머니의 그것과는 다를 가능성이 있음을 고려하게 되었다. 이에 환자는 자신의 행동에서 한 걸음 물러나 자기와 치료자 사이에서 일어나고 있는 일에 대해 다른 대안적인 관점을 생각할 수 있었다. 여전히 침묵에 민감하기는 해도 환자는 좀 더 자발적으로 협력할 수 있었다. 한편, 치료자는 환자가 치료자의 의도에 궁극적인 선의가 있음을 믿는 데 어려움이 있다는 것을 알아차렸다. 따라서 그는 자기 표현과 철수 사이에서 갈등하는 환자에게 공감적 이해를 전달할 수 있었다. 이러한 작업은 치료동맹을 강화하고, 환자에게 갈등 해결과 관련된 교정적 체험을 제공하였다.

치료자에 대한 환자의 지각과 반응이 환자가 찾아냈던 것이 아닌 다른 여러 결론과 해석에 따라 좌우될 수 있음을 생각하도록 돕는 것은, 환자에게 그의 지각이 옳지 않다는 것을 깨닫게 하려는 것이 아

니라 상황을 대하는 환자의 태도가 좀 더 유연해질 수 있도록 돕고자
하는 것이다.

지나친 확신

10

분석가는 자신이 옳다는 것을 확신할 수 없으며, 그것을 입증할
수도 없다.

Merton Gill, 1982, p. 118

치료자는 치료관계와 환자에 대해 자기가 가지고 있는 생각이 정확하다고 확신하는 태도를 취함으로써 지금-여기에서의 전이 자료 탐색에 저항하기도 한다. 치료자의 이런 지나친 확신은 감정과 지각을 탐색하는 것에서 후퇴하는 것을 의미한다. 이는 치료에 꼭 필요한 탐색적 협력관계의 지속적인 발전을 훼손한다.

지나친 확신의 문제

의사가 학교 선생 같거나 권위적인 태도를 갖는 것보다 분석에 더 해로운 것은 없다. 우리가 환자에게 이야기하는 것은 확신에 찬 의견이 아닌 잠정적인 제안의 형태여야 한다. 환자를 화나게 만드는 것을 피하기 위해서 그러는 것만은 아니다. 오류를 범할 가능성이 우리에게 항상 있기 때문이다. '오류와 누락을 제외하면'이라는 문구를 모든 계산의 끝에 넣는 것이 오랜 상업적 관습인데, 모든 분석적 언급도 이와 같은 조건하에서 이루어져야 한다.

Sandor Ferenczi, 1928, p. 94

치료적 관계에 대한 치료자의 관점이 환자의 관점보다 더 객관적이고, 덜 편향되고, 덜 왜곡되었다고 추정하는 것이 터무니없는 일은 아니다. 예컨대, Freud는 관찰 내용과 기억에 대해 환자와 치료자 사이에 불일치가 있을 때 정서적으로 덜 개입되어 있는 치료자의 관찰이 더 정확할 것이라고 주장한다.[1] Schafer 또한 치료자의 전문성과 갈등으로부터의 거리, 그리고 치료 시간에 대한 책임감이 그를 좀 더 객관적인 입장에 서게 할 것이라고 강조한다.[2] Cooper는 한 걸음 더 나아가 환자는 심리적 기능의 신경증적 영역에서 자신의 지각, 정서, 인지 능력을 어느 정도 무의식적으로 제한하고 왜곡한다고 보았다.[3]

치료자의 관점이 더 객관적이라고 가정하는 것이 타당하기는 하지만 어느 누구도 확신하지는 못한다. 치료자가 자신의 관찰에 대해 신뢰와 자신감을 전달하는 것은 중요하지만, 자기 의견에 대한 확신에 찬 태도는 지금-여기에서의 작업을 효과적으로 수행하는 일을 복잡하게 만든다. 치료자가 전지전능한 역할을 수행하려고 하면 치료에서 우리가 발전시키기를 바라는 탐색적 협력을 손상시키는 상황이 초래된다. 오만한 치료자가 제공하는 명석하고, 심오하며, 해박한 해석은 환자-치료자의 지속적인 협력의 공동 산물로 얻게 되는 이해와는 매우 다르게 받아들여진다. 전지전능한 치료자는 탁월한 존재(즉, 부모상)의 돌봄을 바라는 용기를 잃은 환자의 소망과 은밀하게 결탁된다.[4] 이는 대부분 유해한 여러 가지 결과를 가져온다. 예를 들어, 치료자가 예언자와 구세주의 역할을 수행한다면 환자의 총체적 동일시를 통해 갈등 해소를 촉진할 수는 있겠지만, 환자 자신의 심리 구조의 통합과 새로운 심리 구조의 점진적인 구축은 방해를 받게 된다.[5]

치료자가 권위 있는 지도자 노릇을 할수록 환자는 치료자가 베푸는 시혜를 얻기 위해 약하고 공허하고 분열된 자아를 보이도록 강화를 받는다.[2] 모든 것을 알고, 완전한 통제력을 가지며, 자신의 관찰에 확신을 가지는 치료자는 환자가 자신을 약하고 혼란스럽고 무능한 사람으로 내보이도록 조장하며, 마치 부모가 의존적인 아이에게 제공하는 것과 같은 지지와 돌봄을 치료자에게서 받으려는 소망을 갖도록 한다. 진실이 무엇인지 환자에게 말해 주고 환자의 삶을 이해하는 일에 환자 대신 책임을 떠맡으려는 치료자의 행동에는 환자를 유아로 취급하는 태도가 담겨 있다. 이런 태도는 현재의 자율적인 기능에 포함되기 마련인 불안을 피하기 위해 수동적이고 의존적인 위치로 퇴행하고 싶어 하는 강한 내적 충동을 가진 환자에게 특히 유혹적이다.

Strupp와 Binder는 치료자들에게 멋진 해석을 하고 싶은 유혹을 견디라고 경고하였다. 결정적인 관찰 내용을 제공하려는 시도가 오히려 환자의 깊은 탐색을 차단할 수 있으며, 검토할 가치가 있는 주제에 대해 단순히 해석적인 지적을 하는 것만큼 도움이 되지 않는다는 것이다. 후자는 함께 나누는 호기심과 탐색의 과정을 촉진한다. "가장 좋은 해석은 환자 자신이 차츰 스스로 할 수 있게 되는 해석이다."[6] 치료자는 성급하게 해답과 해결책을 제공하고 환자의 현실에 개입하려고 할 수 있다. 그러나 치료자의 부모 역할은 환자의 수동성을 조장하고 중요한 자아 기능의 행사를 막는다. 이는 스스로 노력하는 만큼 성취한다는 사실을 가르쳐야 하는 치료적 과제를 폐기하는 것이며, 자기 신뢰, 즉 자신의 능력에 대한 믿음을 손상시키는 것이다.

Greenacre는 치료자가 환자의 현실에 개입하는 문제에 주목하였다.[7] 그녀는 치료자에게 환자를 대신하여 현실을 분석하는 입장(즉, 환자 대신 객관적인 상황을 최종적으로 확인하는 데 책임을 지는 자리)에 서지 않도록 주의를 주었다. 이렇게 되면 치료자는 환자의 모든 상황과 그 주변 인물을 분석하는 일에 치우칠 것이며, 환자가 가지고 있는 삶에 대한 태도를 분석하는 일에서는 멀어질 것이기 때문이다. 그 결과 환자는 치료자를 흉내 내어 자신의 동기보다는 타인의 동기를 분석하는 데 초점을 맞추기 시작할 것이다. Greenacre에 따르면, 치료자는 해석을 직접 제공하는 일은 줄이고 환자가 자신이 처한 상황에 대해 스스로 해석하도록 촉진하고 이끌어야 할 임무를 지고 있다.

환자는 전지전능함을 과시하는 치료자의 태도를 처음에는 수용하고 아마도 환영할 것이다. 그러나 이런 태도는 결국 치료적 저항을 촉발한다. 치료자를 질투하고 부러워하는 환자가 자기보다 치료자가 더 유능할 게 없다는 사실을 증명하는 데 힘을 쏟도록 만드는 것이다. 많은 경우 환자는 아마도 개인적 필요와 무력감에 대한 반응으로서 치료자를 이상화하고 싶어 하지만, 그런 다음에는 종종 그

우상이 진흙으로 만든 허약한 다리를 가졌다는 것을 입증하는 데서
즐거움을 느낀다.[8]

> 분석가의 기법과 행동이 전지전능함을 암시할수록 악성의 퇴행이 일
> 어날 위험은 더 커진다. 반면, 분석가가 환자와 자기 자신 사이의 불
> 평등을 줄일 수 있고, 또 환자의 눈에 치료자가 겸손하고 평범해 보일
> 수록 양성의 퇴행이 일어날 가능성은 더 커진다.
>
> Michael Balint, 1968, p. 173

환자의 관점을 진지하게 받아들이기

> 분석가의 겸손함은 꾸민 태도가 아니라 우리 지식의 한계를 반영하는
> 것이어야 한다.
>
> Sandor Ferenczi, 1928, p. 94

환자와 치료자 사이에 생기는 일에 대해 환자가 가진 생각은 현실
의 왜곡이 아닌 일종의 가설로 보아야 한다. 그리고 이런 가설에 이
르게 된 이유를 탐색해야 한다. 치료자 또한 현실에 대해 하나의 가
설을 가지고 있을 뿐이다. 무엇이 전이이고 무엇이 현실인지, 환자
가 정말 말하고자 하는 것이 무엇인지에 대해 치료자가 경직된 확신
을 갖는다면 건강하게 자신을 내성하려는 환자의 능력이 방해를 받
는다. 그리고 이는 결국 저항을 불러온다.

지금-여기에서의 전이 작업은 환자의 관점을 진지하게 받아들일

것을 요구한다. 라포를 증진시키기 위해서만이 아니라 생각하는 힘
과 판단력을 환자가 가지고 있기 때문이다. 치료자는 환자가 자기
경험의 신뢰할 만한 해석자임을 믿어야 한다. 이러한 느낌이 객관적
인 의미에서 항상 정확하지는 않더라도 주관적인 의미에서 환자의
태도와 앞으로의 상호작용에 영향을 미치게 된다.[9]

지금-여기에서 전이를 해석할 때 치료자는 관계에 대해 환자가
이해하는 것이 환자 자신에게 타당하게 보인다는 점을 알아야 한다.
치료자에 대해 환자가 보이는 반응은 그 환자가 치료와 치료자에 대
해 어떤 정보를 가지고 있는가 하는 점에서 가장 잘 이해할 수 있다.
환자는 치료 상황에서 관찰할 수 있는 좁은 범위의 단서를 바탕으로
나름대로 최선의 합리성을 발휘한다.[10] 환자의 반응은 그 자신의 경
험과 지각의 관점에서 '말이 되는' 것들이다. 우리가 환자의 조망을
가진다면 환자의 견해는 항상 일리가 있는 것이다.

치료자가 환자의 견해 자체를 긍정하거나 부정하는 것이 아니라
환자가 가진 정보에 근거하여 그의 태도가 충분히 일리가 있음을 볼
수 있을 때 환자는 자신의 경험을 더 많이 표현하고 설명할 수 있는
길을 얻게 된다. 두 사람 사이에서 무엇이 환자의 반응을 유발하였
는지 찾고 환자가 상황을 보는 관점에서는 그런 반응이 근거가 있음
을 알아 줌으로써 지금-여기에서의 전이 분석 작업을 위한 발판을
놓는다. 이러한 작업에서 환자와 치료자 어느 쪽도 진실을 독점하지
않는다는 것을 깨달아야 한다. 환자와 치료자는 두 사람 모두에게
납득되는 이해를 얻기 위해 서로 협력해야 한다.

전이가 환자-치료자 관계에 미치는 영향을 가장 효과적으로 설명하는 과정은 치료자가 자신이 지각하고 경험한 것을 해석하되, 동시에 환자의 해석에도 귀를 기울이는 것이다. 현실이 무엇이며, 그것이 어떤 식으로 왜곡되었는지 정의 내리는 것이 이 과정의 목표가 아니다. 서로 다르지만 모두 일리가 있는 현실 지각 방식을 알고, 한편이 다른 한편의 지각에 어떻게 영향을 미치는지를 아는 것이 목표다.[11] 이렇게 서로를 이해하려고 노력하는 경험은 환자가 다른 사람에게서 전형적으로 이끌어 내는 것과는 매우 다르며, 그 자체가 치료적 경험을 제공할 수 있다.[10]

환자와 치료자가 그들이 만드는 관계의 토대를 이해하기 위해 노력할 때 이전보다 더 생산적이고 성숙한 상호작용을 가능하게 하는 새로운 변화를 연습할 기회를 얻는다. 치료자와 환자는 정직하고 진실하며 과거의 과도한 짐이 없는 관계를 만들기 위해 노력한다. 이러한 작업이 전달하는 메시지는 갈등이 없는 관계란 없다는 것과 치료자는 열린 마음과 의지를 가지고 기꺼이 대인관계 갈등의 해결을 시도할 것이라는 점이다. 이러한 태도는 관찰자에서 참여 관찰자로 그 입장이 바뀜을 의미한다. 즉, 치료적 만남이라는 것을 치료자가 객관적으로 규정한다고 보는 입장에서, 두 참여자가 함께 자신들이 관계를 경험하는 방식을 점진적으로 이해함으로써 그 만남을 규정하게 된다고 보는 입장으로 관점이 변화됨을 말한다.

성급한 투사 해석

신경증 환자가 일상생활에서 새로운 대상을 만날 때…… 환자는
내사된 원초적 대상을 투사하는 경향이 있으며, 새로운 대상은
그 투사된 정도만큼 환상의 대상이 될 것이다.

James Strachey, 1934, p. 139

환자의 투사를 참고 담아 두기가 어려운 치료자는 방어적으로 성급한 해석을 할 수 있다. 지금-여기에서의 전이 탐색이라는 협력적 모험에서 한 발 물러서게 하는 수단이 되는 것이다.

성급한 투사 해석과 관련해서 주의해야 할 점

치료자는 환자의 전이 투사를 너무 성급하게 해석하여 효과적인 지금-여기에서의 전이 분석을 방해할 수 있다. 지금-여기에서의 전이 분석은 치료자와 치료 자체, 환자-치료자 상호작용에 대한 지각을 살펴보도록 환자를 돕는 것이다. 치료자는 환자가 자신의 반응과 그 반응의 결과로 발전하게 되는 관계의 유형을 탐색함으로써 스스로에 대한 이해를 얻도록 돕는다. 환자는 내사된 다양한 자기 표상과 대상 표상을, 그리고 자신의 것으로 인정하기 어려운 감정과 태도를 치료자에게 투사한다. 그리고 이제 치료자의 것으로 보이는 이러한 속성에 대한 환자의 지각이 치료자에 대한 반응과 상호작용에 결정적인 영향을 미친다. 그러나 환자가 이런 투사를 거두어들이도록 강제로 개입할 수는 없다. 치료자는 성급하게 환자의 투사를 해석하고 치료자 자신에 대한 다양한 감정의 진정한 근원이 무엇인지 설명하려고 시도할 수도 있다. 그러나 치료자의 이런 자세는 거의 틀림없이 방어를 불러온다. 그 결과 환자가 자신을 관찰하는 능력은 더욱 손상된다.

환자의 심리 구조 내에서 중요한 기능을 하는 방어를 아무런 준비 없이 포기하도록 치료자가 무분별하게 강요하는 경우가 있다. Epstein은 전이 투사의 관리에 관한 뛰어난 논문에서, 투사는 환자의 자아가 자기상이나 자기 지각의 다른 요소와 부조화를 이루는 경험적 요소를 제거하여 갈등을 피할 수 있도록 한다고 기술하였다.[1] 내면의 심리적 갈등은 투사를 통해 외재화된다. 갈등은 더 이상 자신의 상반된 측면 사이에 존재하는 것으로 경험되지 않고, 자기와 타인 혹은 자기와 환경 사이의 것으로 경험된다. 비록, 투사가 자기의 수용할 수 없는 측면을 투사한 그 상대와는 어렵고 적대적인 관계를 만들게 해도, 그 나름의 심리적 생존 가치를 지닌다고 Epstein은 지적하였다. 감정이 투사되는 이유는 그것을 자기 것으로 소유하는 것을 참을 수 없기 때문이다. 내면의 갈등을 다른 사람에게 돌림으로써 환자의 고통스러운 자아는 자존감과 자기 응집성을 더 잘 보존할 수 있으며, 이전에 내적 갈등의 가능성으로 위협당하였던 심리적 조직을 더 잘 유지할 수 있다.

환자는 성급하고 때 이른 해석에 대해 무의식적으로 예상하고 있던 공격으로 느낄 수 있다. 그래서 투사에 대한 해석은 환자의 자기 탐색을 어렵게 할 수 있다. 감정과 태도를 치료자에게 투사하는 것은 치료자의 삶의 영역을 침입하는 행위라고 할 수 있다. "강력한 무의식적 공격 추동의 힘을 얻어 자신의 내면에서 무언가를 추방하고 그것을 강제로 분석가에게 주입한다. 그리하여 환자는 분석가의 경계를 침해하고 개성을 손상시키며, 그를 자신에게 유용한 대상으로 삼는다." [2] 환자는 투사에 침범하는 속성이 있음을 무의식적으로 느끼면서 동태복수(즉, 동일한 종류의 복수)의 원칙에 따른 대응과 보복을 예상하게 된다. 이런 무의식적 침입과 치환은 자신의 내적 삶을 향한 반격이 있으리라는 편집증적인 예측을 하게 한다. 그런 순간 환자에게 무슨 말을 어떻게 할지가 매우 중요하다. 치료자를 어떻게 지각하고 치료자에게 무엇을 하며, 왜 그러는지 (환자의 내적 역동의 관점에서) 성급하게 전이 해석을 하게 되면, 박해를 예상하는 환자의 자아는 이것을 당연히 예측하고 있던 역공으로 지각한다. [1] 치료자의 해석이 아무리 정확하고 통찰을 가득 담고 있어도, 환자의 이런 반응은 그 해석을 활용하기 위해 필요한 열린 마음을 촉진하지 못할 것이다.

환자의 대인관계 태도가 치료자에게서 어떤 반응을 해야만 할 것 같은 압력으로 작용하고, 그 결과 치료자가 때 이른 해석적 노력을 하는 경우가 자주 있다. 치료자가 너무 성급하게 반응하면 자기와 타인에 대한 환자의 관점, 즉 내재화된 자기 표상과 대상 표상 간의 관계를 무의식적으로 밖으로 드러내려는 환자의 시나리오에 뜻하지 않게 참여할 수 있다. 반복 강박 혹은 삶의 각본의 확인이 시도되는 것이다. 예를 들면, 적대적인 세상에서 공정하게 대우받지 못한다고 느끼는 편집 경향의 환자는 무의식적으로 치료자에게서 처벌적인 반응을 이끌어 내려고 시도할 수 있다. 그리고 아직 환자의 자아가 받아들이기 어려운 시점에, 남에게 돌리는 그 적대감이 사실은 환자 자신의 분노와 '나쁜 면'의 투사라고 말함으로써, 환자를 처벌하는 일이 실제로 일어날 수 있다.

환자의 투사에 대한 성급한 해석이 안고 있는 또 다른 문제점은 투사의 내용(가령, 적대적이고 공격적인 충동)이 치료자를 잠재적으로 악의적이고 믿을 수 없는 존재로 보게 하는 상황과 관련이 있다. 환자가 지금 치료자를 부정적인 시각으로 보고 있다면 치료자가 하는 말을 신뢰하기가 대단히 어려울 것이다. '나쁜 대상'으로부터의 해석은 쉽게 거부당한다.

성급한 해석의 원인

환자가 투사한 감정을 치료자가 성급하게 해석하는 것은 그 투사가 휘저어 놓은 감정에 대한 방어일 수 있다. 치료자는 환자의 투사에 따라, 그리고 투사된 그 속성을 치료자에게서 찾는 환자의 반응에 따라 감정이 촉발된다. 치료자는 그것을 인내하고 담아 둘 수 없다고 느낀다. 예를 들어, 자신이 부적절하다고 느끼는 환자가 그런 느낌을 투사하여 치료자에게 무능하고 열등하고 부적절하다고 비난할 때 치료자는 때로 그것을 견디기 어려울 수 있다. "우리는 상처입고 휘둘리고 위협을 느낀다. 이럴 때 우리의 생존 욕구는 다시 우리 자신을 확인하여 안정감을 느낄 수 있도록 환자의 투사를 내다버리라고 재촉한다. 이는 환자가 우리를 악마로 만들든 천사로 만들든 관계없이 그렇다."[3] 치료자는 균형 감각과 치료적 안정감을 재정립하기 위해 환자의 투사의 기원을 해석하고 제거하려는 충동을 느낀다. 그러한 시점에 치료자가 해석을 하는 행위는 원치 않는 투사를 추방하고자 하는 욕구와 자신에게 그런 행동을 한 환자를 공격하고자 하는 욕구를 무의식적으로 행동화하는 것이다.[1]

성급한 투사 해석은 또 다른 종류의 치료자 불안을 해소하려는 시도로도 볼 수 있다. 투사를 다룰 때는 해석이 성장과 성숙을 촉진하는 수단인지, 아니면 치료자 자신의 불안과 불편감을 완화하는 수단인지 분명히 하는 것이 중요하다. 심한 심리적 혼란과 장애를 겪는 환자와 작업할 때는 그의 절망적인 행동, 증오와 파괴성과 같은 원시적이고 강력한 감정이 치료자의 기술과 인내력을 시험한다.[4] 이러한 감정이 드러날 때 치료자는 뭔가를 해야 한다는 압력에 취약해지면서 나쁜 것을 좋은 것으로, 미움을 사랑으로 바꾸려는 시도를 하게 된다. 치료자는 환자의 감정을 바꾸려고 성급하게 시도하여 그 자신의 불안과 불편감을 감소시키려고 하는 경향이 있는지 늘 자각하고 있어야 한다.

투사에 대한 치료자의 태도

앞서 기술한 것처럼 치료자는 환자의 심리 조직 내에서 중요한 기능을 하는 투사적 방어를 포기하도록 잘못 강요할 수 있다. 그러나 Kohut은 환자의 투사 사용을 심리내적 갈등에 대한 내성을 기르는 첫 단계로 보았다. 그는 치료자들에게 투사를 성급하게 해석하지 말라고 경고하였다. 환자는 투사를 통하여 갈등이 많고 수용이 불가능해 보이던 측면을 언어화하기 시작한다. Kohut은 치료 초기에는 갈등을 투사의 형태로 표현하도록 허용하는 것이 심리적 변화의 시발점이 된다고 보았다. 그는 환자의 지각을 거부하는 것을 피해 가는 가장 유용한 기법으로 환자가 이야기한 것을 되돌려주기, 즉 일종의 반향 절차를 들었다.[5]

환자의 투사를 성공적으로 다루기 위해서는 무엇보다 그것을 담아 둘 수 있어야 한다. 다시 말해, 치료자는 자신의 마음속에 생기는 감정을 부정하거나 행동화하거나 다른 방법을 사용해 자신과 분리하려 하지 말고 함께 머물러 주어야 한다는 것이다. 앞서 논의한대로 이것은 자칫하면 역전이적 행동화로 이어질 수 있는 어려운 일이다. 치료자는 환자의 감정을 살피면서 진지하고 방어적이지 않은 탐색을 시도해야 한다. 이때 주의해야 할 점은 질문이나 의견은 우선은 환자의 자아가 아닌 치료자 자신의 자아로 향하는 것에 한정해야 한다는 점이다.

예를 들어, 환자가 분석가의 흠을 잡거나 동기와 의도에 대해 비난할 때 환자의 이러한 지각과 생각을 반박해서는 안 된다. 대신 그것을 반영하거나(예컨대, 당신이 볼 때 나는 이러이러한 사람이라는 말이지요, 내가 정말 당신을 무시한다는 것이군요) 객관적으로 탐색해야 한다. 예를 들어, 환자에게 분석가의 잘못을 좀 더 자세하게 이야기해 달라고 하고, 그런 잘못이 어떻게 시정되어야 좋을지 그의 생각을 물어보는 것이다.[6]

치료자는 환자에게 치료자 자신의 동기가 의식적인 것이든 무의식적인 것이든 어떻다고 생각하는지 이야기해 달라고 요청할 수 있을 것이다. 또한 환자에게 위협이 되지 않는 방식으로 치료자 자신에 대해 어떻게 그런 생각을 갖게 되었으며, 그런 근거가 무엇인지 같이 이야기해 보자고 격려할 수 있을 것이다. 간단한 예를 들어 보자. 매우 비판적이고 요구가 많은 부모상을 내재화한 환자가 치료를 받으러 왔다. 그는 내재화의 결과 그 자신에게도 완벽주의적이고 요구가 많으며 우울감에 시달리게 되었다. 치료에서 환자는 인정에 인색한 부모상을 치료자에게 투사하여, 치료자를 야단만 치고 과도하게 요구하며, 용서할 줄 모르는 사람으로 지각한다. 그리고 자신의 부모와 관계 맺던 방식으로 치료자와 관계를 형성한다. 환자는 두려워하며 순응하지만 동시에 고집스럽고 수동적으로 반항한다. 이때 치료자의 과제는 환자가 치료자에 대해 느끼는 것을 표현하도록 돕고, 그런 지각이 어떻게 만들어졌으며, 무엇에 근거하고 있는지, 그래서 그것이 치료자에 대한 후속 반응에 어떤 영향을 주었는지 등을 표현하도록 돕는 일이다. 치료자는 환자의 투사를 거부하지 않고 그 투사를 함께 논의하고 숙고하고 보다 명료하게 이해하려고 노력해야 한다. 이런 자세는 수용할 수 없는 감정의 독성을 제거하는 일이며, 궁극적으로 환자가 그 감정을 방어하기보다는 통합하게끔 돕는다.

환자가 치료자 탓으로 돌린 것들이 어느 정도나 왜곡되었는지 혹은 현실에 기초하였는지 따지는 질문은 적절하지 않다. 치료자는 환자의 모든 생각과 지각을 진지하게 검토해야 한다. 여기서 필요한 것은 치료 상황에 대한 환자의 견해를 지속적으로 명료화하는 절차를 치료과정의 통합된 한 부분으로 삼는 일이다. 환자가 가진 가설을 기꺼이 다룬다는 치료자의 입장은 회복과정을 촉진한다.

투사를 다루는 치료자의 전략이란 환자의 자아가 이전에 투사한 자신의 부족한 면을 되가져올 준비를 할 때까지 그의 투사를 충분히 이끌어 내어 이해하는 것이다.[1] 성급한 투사 해석은 환자의 나쁜 것이 자아로 너무 빨리 귀환하도록 하여 결국 자존감의 손상을 가져온다. 치료자는 지각의 정확성에 도전하기보다는 함께 계속 논의하는 자체를 중시해야 한다. 또한 방어적인 태도를 취하면서 환자의 부정적인 감정과 판단이 틀렸다고 말하지 않아야 한다. Epstein에 따르면, 이런 열린 접근은 환자의 투사에 치료자가 상처받지 않았으며 보복하고 벌주기보다는 오히려 환자를 이해하는 데 관심이 더 많다는 점을 꾸준하게 확인시켜 주기 때문에 환자가 가진 편집증적 불안을 감소시킨다.

환자의 지각에 대해 끈기 있고 방어적이지 않은 논의를 함께하면서, 치료자는 공격적이고 적대적인 특성을 가진 환자의 감정을 이끌어 내어 그것들이 환자의 자아로 향하지 않고 점차 옅어지기를 소망한다. 환자의 결점과 불완전함의 투사를 방어적으로 거부하지 않고 견뎌 내는 치료자의 능력은 환자가 나쁜 감정을 투사하거나 자기에게로 돌리거나 증상으로 전환시키지 않고 인내하며 담아 둘 수 있게 하는 능력을 촉진한다.[1]

이상과 같은 태도는 결국 치료자가 (1) 강인한 자아를 가져서 환자의 투사에 따른 해를 입지 않아야 하며, (2) 환자의 대인관계 및 심리 내적 과정을 이해하려는 열의를 가져야 하고, (3) 환자 자신이 원치 않는(참을 수 없는) 측면을 투사하는 것을 인내해야 한다는 것을 의미한다. 이럴 때 치료과정에 대한 신뢰가 전달되며, 환자는 이전에 부인하고 투사하면서 방어하였던 자신의 측면을 점차 인내할 수 있게 된다.

Epstein은 이러한 접근을 경계선 환자와 작업할 때 적용하였으나, 저자는 이 원칙들이 다양한 장애 수준을 가진 사람 모두에게 타당하다고 본다는 점에 주목하기 바란다. 결국, 이 원칙은 아직 인내할 수 없는 특성들, 즉 자신의 것인 줄 알면 참을 수 없는 갈등을 불러올 그런 특성을 참아 내라고 성급하게 환자를 몰면 안 된다는 것이다. 자신의 불안이나 조급함 혹은 심오해지고 싶은 욕구에 반응하여, 아직 그렇게 할 수 없는 환자에게 자신의 측면을 재통합하라고 요구하는 치료자는 환자-치료자 협력관계를 심각하게 손상시킬 것이다.

제4부

전이를 다루는 기법

해 석

12

분석과정에서 궁극적으로 중요한 것은 분석가가 무슨 말을 하는가, 혹은 그 자신이 무슨 말을 하고 있다고 생각하는가가 아니라, 분석가가 하는 말에서 환자가 무엇을 경험하는가다.

Paul Ornstein & Anna Ornstein, 1985, p. 50

지금-여기에서의 작업의 많은 부분은, 그리고 일반적으로 역동치료는 환자에 관해 말해 주는 것을 포함한다. 이러한 작업, 즉 해석의 과정이 어떻게 이루어지는지를 검토하는 것이 치료자에게 도움이 될 것이다.

해석의 가치

　해석은 경험을 설명하고 그것에 의미를 부여하는 일이다. 이런 이름 붙이기와 명료화는 환자의 내적 경험을 어둠에서 벗어나게 하고 거기에 형태를 부여하며 환자가 적응하는 데 자신의 인지적 능력을 사용할 수 있도록 돕는다.[1] 치료자는 환자 혼자서 인지할 수 없는 어떤 이해에 자신이 도달하였다고 믿을 때 해석을 한다.[2] 그러나 환자가 자기 자신을 치료자 혹은 자신에게 어려움 없이 설명할 때는 해석이 필요 없다.

　해석은 내적 구조를 세우고 통합하는 데 도움을 준다. 환자의 내적 상태에 대한 이해와 설명은 치료자 및 치료자 기능의 '변형적 내재화'가 일어나게 하고 심리적 구조의 획득에 이르게 한다.[3] 현실적으로 환자의 욕구를 충족시키지 않으면서 그 욕구의 본질과 발달에 대한 이해를 제공하는 것은 환자에게 적절한 좌절을 준다. 치료자는 환자를 공감적으로 버텨 주면서도, 치료자가 부모처럼 대신해 주기 바라는 것을 환자 스스로 하여 성장과 성숙을 지속하도록 도전한다.

　해석이라는 용어는 치료자가 실제로 하는 일에 비추어 볼 때 정확하지 않으며 오해의 소지가 있다.[4] 해석이라는 말은 치료자가 수정 구슬을 마술의 힘으로 읽어서 무의식적인 기저의 의미를 해독한 후 환자에게 전달하는 듯한 적절치 않은 느낌을 준다. 그러나 그보다는 환자의 심리내적이고 대인관계적인 과정에 대한 설명, 재구조화, 피드백을 통해 환자의 자기 이해를 촉진하려는 협력적인 시도로 보는 것이 옳다. 환자의 방어 조직에 대한 관심이 그동안 증가함에 따라 해석을 제공하는 방법과 과정에 대해서도 치료자가 더 많이 생각하게 되었다.[5]

해석의 원리

　해석에 관한 임상적·이론적 문헌을 살펴보면 수많은 격언을 찾을 수 있다. 여기에는 오랜 시간을 두고 증명된 다음과 같은 지침들이 있다. "환자를 먼저 준비시켜라.", "표면에서 심층으로", "방어되고 있는 내용보다 방어를 먼저 다뤄라.", "자아 동조적인 것을 자아 이질적인 것으로 만들어라.", "타이밍을 맞춰라.", "이론적 용어를 피하라.", "환자의 용어를 사용하라."

해석은 개인의 상황에 맞게 구체적이고 상세할 때 가장 효과적이다. 치료자가 일반적 주제로 해석을 시작할 때 그 해석은 모호함을 피하기 어렵다. 따라서 치료자는 궁극적으로 자신의 관찰을 환자 삶의 세부 상황에 맞추는 것이 필요하다.[6] 어떤 사람을 '자기애적'이라거나 '의존적' 혹은 '수동·공격적'이라고 단정하며 포괄적인 지적을 한다면 아마도 저항에 부딪히게 될 것이다. 모든 상황에서 항상 똑같은 사람은 없다. 포괄적 용어를 사용하면 그 대상이 되는 사람의 중요한 측면과 틈이 생긴다.[7]

해석이 다소 미묘하고 모호해야 할 명백한 이유가 없다면 단순하고 직접적이며 명쾌한 해석이 가장 좋다.[8] 치료자가 어떻게 해서 그런 관찰에 도달하게 되었는지를 환자가 이해할 수 있도록 도와주는 것이 바람직하다. 이는 환자가 자료에 대해 생각하는 방법을 배우도록 하고, 치료자에 대한 신비감을 줄여 더 쉽게 닮도록 하며, 스스로 생각하도록 촉진한다.

가장 좋은 해석은 강력한 지지 근거를 가지고 환자의 참조 체계와 조화를 이루며 일반화가 가능한 해석이다.[7] 해석은 경험적 관찰로 뒷받침된다. 해석하기 전에 치료자는 그 해석의 근거가 되는 정보가 합리적이고 타당한지를 판단해야 한다. 해석을 할 때는 치료자와 환자 모두 구체적으로 무엇이 언급되고 있는지를 아는 것이 중요하다.

예를 들면, 지금-여기에서의 전이 분석을 할 때 해석에 앞서 환자와 치료자 간에 탐색되고 있는 일련의 실제 행동을 가능한 한 명확하게 설정해야 한다. 그렇지 않으면 환자와 치료자가 서로 다른 이야기를 하는 결과를 초래할 수 있다.

환자가 자신의 갈등과 자아 역기능의 영역을 더 많이 알고 또 더 깊이 이해하도록 돕는 것 외에 장점과 건강한 기능 영역에 대해서도 자각할 수 있도록 돕는 것이 바람직하다. 불안하고 비효율적인 행동 방식뿐만 아니라 잘 대처하는 행동 방식을 자각하는 것도 그만큼 중요하다는 것이다.[9] 어떤 환자는 자신을 신경증 환자 혹은 패배자라고 전체적으로 비난하면서, 자아의 힘과 생산적 기능의 근거가 될 중요한 영역을 덮어 버린다. 장점의 확인이 주는 또 다른 이점은 치료자가 자신의 좋은 점을 존중하고 알아 준다고 느낄 때 환자는 어렵고 좌절을 주는 시간을 잘 헤쳐 나갈 수 있다는 점이다.[10]

우리는 다음과 같은 상반된 이야기를 듣는다. 너무 일찍 혹은 너무 성급하게 해석을 할 때는 환자를 잃을 위험을 각오해야 한다. 즉시 깊은 수준의 해석을 하지 않으면 환자를 잃을 위험을 각오해야 한다. 해석은 불안을 '해방' 시켜서 견딜 수 없고, 처리할 수 없는 불안의 분출을 유발할 수 있다. 해석은 불안을 '해소' 하여 환자가 처리할 수 없는 불안의 분출에 대처하도록 하는 유일한 방법이다. 해석은 항상 의식에 떠오르는 바로 그 순간의 자료를 언급해야 한다. 가장 유용한 해석은 정말로 깊이 있는 해석이다. 어떤 사람은 '신중하게 해석하라!' 고 한다. 또 어떤 사람은 '의심스러울 때 해석하라!' 고 한다. 비록 이 모든 것에 상당한 혼란이 있음이 분명하지만, 그렇다 해도 나는 이러한 견해가 반드시 양립할 수 없는 것은 아니라고 생각한다. 다양한 충고는 각기 다른 상황과 다른 경우를 말하는 것일 수도 있고, '해석'이라는 단어가 각기 다른 용도로 사용됨을 의미하는 것일 수도 있다.

James Strachey, 1934, pp. 141–142

해석의 절제

해석의 공급은 충고의 공급이 그렇듯이 그 수요를 크게 초과한다.

H. S. Sullivan, 1947, p. 92

해석은 아끼고 절약해야 한다. 최적의 상황이라면 치료자는 환자에게 꼭 필요한 최소한의 도움만을 줄 것이며, 자신의 에너지를 무슨 놀랄 만한 발견을 하는 데 쓰는 것보다는 환자 스스로 자기 행동의 의미를 발견하는 일에 관심을 갖도록 하는 데 쓸 것이다. 해석은 환자가 이러한 발견을 할 수 없을 때만 주어야 한다. 치료자의 궁극적인 과업은 부모 앞에서 아이가 놀 수 있게 하듯이, 선생님 앞에서 음악도가 연습하게 하듯이, 치료자 앞에서 환자가 자기 자신을 치료할 수 있도록 허용하고 격려하는 것이다.[1] 환자가 치료를 자신의 것으로 볼 수 있다면 치료과정에 대한 저항을 줄이고 자신의 치료에서, 그리고 궁극적으로는 자신의 삶에서 일어나는 일에 대해 책임을 질 수 있게 된다.

해석을 통해 너무 많은 도움을 받게 되면 환자의 내적 동기는 감소하고 수동성이 촉진된다. 전지전능한 치료자는 마술적인 환상을 불러일으킨다. 애써 시도하고 노력해서 발달하게 될 환자의 자율성과 주도성은 너무 훌륭하고 유능하고 너무 도움이 되는 치료자 때문에 매우 쉽게 위축된다.[12] 해석을 아낌으로써 얻는 또 다른 이익이 있다. 치료자의 수많은 해석적 시도는 안 그래도 이미 부적절하고 '뒤처진' 느낌을 가진 환자로 하여금 모든 것을 아는 강력한 치료자 앞에서 더욱 주눅 들게 할 수 있다. 이때 '가진 자'와 '못 가진 자'와 관련된 감정이 생겨서 강한 질투심이 유발된다. 이런 질투심은 저항과 방어의 증가로, 극단적인 경우는 치료를 파괴하고 망치는 형태로 나타날 수 있다.[13]

치료자 개입의 가장 유용한 목표는 환자가 현재 자신의 의식 수준을 한 단계 넘어서서 통합할 수 있도록 돕는 것이다. 자신의 노력으로 자기 이해를 높이도록 환자를 격려할 때 환자는 "못 하겠어요" "모르겠어요"라고 말할지도 모른다. 이런 언급에 대해 치료자는 환자를 격려하는 간결한 표현으로 "해 보세요"라고 반응할 수 있다. Blanck와 Blanck에 따르면, 이런 단순한 자아 강화적인 반응은 격려 그 이상의 것이다. 이 반응은 환자를 대신해서 치료적 작업을 하는 것을 부드럽게 거절하는 것이다. 그 결과 환자는 "환자인 자신은 결코 할 수 없었던 해석을 하는 명민한 치료자를 그저 감탄하며 바라만 보고 있는 대신에" 자기 자신의 능력에 대해 자신감을 얻는 기회를 가지게 될 것이다.[14]

해석할 때 사용할 단어를 선택하는 데는 어떤 비법이 없다. 그보다 중요한 것은 치료자의 태도와 정서적 자세다. 해석은 잠정적이어야 하며, 질문의 형식을 갖는 것이 좋다. "이럴 가능성이 있을까요?", "이렇게 볼 수 있을까요?"와 같은 문장으로 시작하는 가설적인 성격을 띤 해석은 환자에게 그 자료를 숙고하고 다루어 볼 마음을 준다. 환자는 동의하거나 부정할 기회 혹은 수정하거나 추가하여 생각을 더 진전시킬 기회를 갖는다.[15] 해석은 제안하는 것이지 강요하는 것이 아니다. 치료자는 환자가 깊이 생각하고 호기심을 가지고 협력적인 탐색에 참여하도록 초청한다.

> 해석은 가능한 한 하지 말아야 한다. 되도록이면 의도한 당면 목표에도 도달하지 않는 것이 좋다. 이는 환자에게 치료자의 해석을 확장시킬 수 있는 기회를 주고, 치료과정에서 더 많은 것을 공유하게 하고, 당신의 도움을 받는 희생자가 되면서 느끼게 될 상처를 어느 정도 완화시켜 줄 것이다……
>
> Sidney Tarachow, 1963, p. 49

타이밍

> 바른 해석을 찾아냈을 때 그 앞에는 또 다른 과업이 놓여 있다. 성공을 어느 정도 기대하면서 환자에게 해석해 줄 수 있는 적절한 순간을 기다려야 하는 것이다. …… 만약 …… 해석을 찾아내자마자 환자에게 던져 준다면 이는 큰 실수를 하는 것이다.
>
> Sigmund Freud, 1926, p. 220

해석의 타이밍은 역동적 기법의 핵심적 요소다. Freud는 환자가 한 걸음만 더 내디디면 스스로 이해할 수 있을 정도로 가까이 다가가기 전에는 환자에게 증상을 해석하거나 소망을 설명해 주지 말라고 경고하였다.[16]

상당히 건강하고 잘 방어하고 있는 자아를 가진 환자의 경우, 가장 효과적인 해석의 시점은 갈등의 주제가 활성화되고 넘쳐 올라와서 환자가 그 주제와 관련된 정서적 불편감을 직접 경험할 때다.[1] 그러나 해석은 지금 해석되고 있는 사건과 관련된 정서에서 환자가 적절한 거리를 두고 있을 때 가장 잘 수용된다. 환자가 정서적 반응에 압도되어 있을 때는 해석하지 말아야 한다. 예를 들어, 환자의 슬픔이 극심할 때는 해석하지 않는다. 반대로 현재 환자의 정서가 치료자가 탐색하려는 갈등과 동떨어져 있을 때는 해석의 효과가 미미할 것이다.

해석의 적절한 타이밍을 평가할 때는 현재의 환자–치료자 관계를 고려해야 한다. 환영받기 어려운 해석을 하기에 앞서 치료자는 환자가 가진 신뢰와 믿음이 그런 긴장을 견딜 만큼 충분히 강한지 확인해 볼 필요가 있다.[17] 해석은 강한 치료적 동맹이 있을 때 가장 잘 수용된다. 만성적이고 지속적인 부정적 전이의 틀 안에서 이뤄지는 해석은 수용되기 어렵다. 환자가 치료자를 위협하고 벌주는 대상으로 경험하고 있을 때는 방어가 유발될 것이다. 따라서 그런 시기에는 제공되는 어떤 관찰 내용도 환자가 적절하게 처리하기 어렵다. 치료자가 실제로 환자에게 화가 나 있을 때는 특히 그렇다. 그런 경우의 해석은 환자를 공격하는 것이 되기 쉽고, 환자는 치료자가 무슨 말을 하든지 화가 나서 하는 말이라고 정당화하면서 받아들이지 않을 것이다.

치료자가 너무 오래 해석을 유보하는 경우도 있다. 그래서 기회를 놓칠 수 있다. 환자가 다른 주제로 넘어갈 수도 있고, 혹은 전이 해석에서 환자의 감정(사랑이나 적개심)이 너무 쌓여 치료자가 무슨 말을 해도 환자가 더 이상 귀를 기울이지 않게 될 수도 있는 것이다.[18] 반면에 환자가 준비되기 전에 하는 성급한 해석은 자신의 신념을 고수하려는 환자의 방어와 고집을 강화할 수 있다. 방어는 고통을 주고 속박하는 것이지만, 더불어 심리적 경제성에서 어떤 역할을 한다는 점을 유념해야 한다. 방어는 충분히 존중하면서 접근해야 하며 아무 생각 없이 벗겨 내서는 안 된다.

성급하고 때 이른 해석과 관련해서 또 생각해 봐야 하는 것은 이런 개입이 조기 종결을 가져오고 환자의 마음을 닫게 할 수 있다는 점이다.[12] 치료자가 성급하게 설명을 하면 환자는 말문을 닫는다. 이것은 감정을 더 깊게 탐색할 수 있는 기회와 가장 고통스럽고 슬프고 불안하게 하는 일을 공유할 수 있는 기회를 손상시킨다.

성급하고 때 이른 해석의 근저에는 어떤 역전이 문제가 있을까? Sederer와 Thorbeck은 치료자의 성급한 해석은 환자의 감정을 이해하고 담아 두기 어려운 치료자 자신의 어려움에 대한 반응이라고 가정한다. 이 견해에 따르면, 치료자는 환자를 진보시키기 위해서 해석을 하지만 그 자신의 긴장을 해소하기 위해서도 해석을 한다.

환자의 고통은 불안을 유발하고 이런 불안을 완화하기 위한 행동을 취하도록 치료자에게 압력을 준다. "(그런) 순간의 해석은 진정제와 같다. 즉, 사람을 진정시키지만 상처를 치료하는 데는 도움이 되지 않는다. 이런 해석은 그렇게 하지 않으면 우리가 우리 역할의 한계를 인식하게 되는 시점에서 전문가로서 유능감을 느끼게 해 준다."[19]

> 숙련된 분석가가 환자의 병력과 호소 문제의 행간에서 환자의 비밀스런 소망을 분명하게 읽어 내는 것은 어려운 일이 아니다. 하지만 아주 짧은 만남에서 정신분석의 원리를 전혀 모르는 문외한에게 그가 근친상간적인 유대로 자신의 어머니에게 애착을 가지고 있다는 것, 사랑하는 것 같지만 실제로는 자신의 아내의 죽음을 바라고 있다는 것, 자신의 윗사람을 배신하려는 의도를 숨기고 있다는 것 등을 얘기할 수 있는 사람은 얼마나 자기도취적이고 분별력이 없는가! 나는 이런 전광석화 같은 진단과 '고속' 치료를 자랑하는 분석가들이 있다고 들었다. 나는 이런 실례를 따르지 말 것을 경고할 수밖에 없다. 이런 행동은 환자의 눈앞에서 치료자 자신과 치료의 신용을 완전히 떨어뜨리고 환자에게서 가장 격렬한 반대를 불러올 것이다. ……치료 효과는 전혀 없을 것이며, 환자는 결국 분석을 그만두게 될 것이다.
>
> Sigmund Freud, 1913, p. 140

13 훈습

이렇지 않다면 좋겠지만, 사실 심리치료란 …… 동일한 주제가 치료 환경에서 반복적으로 훈습되며 환자의 생활 환경에서도 시험되고 또 시험되는 길고도 힘겨운 과정이다.

Irvin Yalom, 1980, pp. 307-308

통찰 자체가 마술적 속성을 가지고 있는 것은 아니다.

Paul Dewald, 1964, p. 245

지금-여기에서의 작업은 심리내적인 이해와 대인관계 학습을 촉진하기 위한 방법으로 전이 자료의 해석에 초점을 맞춘다. 그러나 통찰과 이해가 증가한다고 해서 의미 있는 성격 변화와 성장이 저절로 이루어지는 것은 아니다. 여기에는 충실한 훈습의 과정이 필요하다.

훈습의 정의와 개관

훈습의 개념은 Freud가 그의 논문「기억, 반복 그리고 훈습」(1914)에서 처음으로 논의하였다. 이 논문에서 그는 분석 훈련 중인 초보자는 저항을 해석하면 그 저항이 중지될 것이라고 믿는 경향이 있다고 지적하였다. 젊은 분석가는 그가 환자의 저항을 지적하였는데도 아무런 변화가 없으며, 오히려 저항이 더 강해지곤 한다고 호소하였다. Freud는 이런 상황에 대해 언급하면서 인내심과 지속적인 노력을 강조하였다. 그는 다음과 같이 썼다.

저항에 이름을 붙인다고 해서 그것이 즉각적으로 중단되는 것은 아니다. 우리는 환자에게 이제 그가 알게 된 저항을 더 깊이 알고 훈습할 수 있도록 시간을 주어야 한다. …… 기다리는 것, 피할 수도 서두를 수도 없는 그 과정을 겪게 하는 것 외에는 치료자가 할 수 있는 일이 없다. ……저항의 훈습은 실제로 분석 대상에게는 고된 작업이며, 분석가에게는 인내심의 시험대가 될 것이다. 그렇지만 저항의 훈습은 환자에게 커다란 변화를 가져오는 작업의 한 부분이다.[1]

Fenichel은 다음과 같이 진술하면서 Freud의 견해에 공감을 나타낸다. 성공적인 해석 작업이란 "감정 정화를 가져오는 하나의 작업이 아니라 환자에게 동일한 갈등과 그것에 반응하는 그의 통상적인 방식을 반복해서 보여 주되, 새로운 각도와 새로운 연결 방식으로 그렇게 하는 장기적인 훈습과정이다."[2] 따라서 치료자는 문제가 다양한 방식으로 드러나는 것을 주의 깊게 탐색하도록 환자를 도와야 한다. 권위자와의 문제를 예로 들어 보자. 환자는 치료 시간 중에 이런 특정한 갈등이 여러 가지 다른 방식으로 어떻게 표현되는지 보도록 도움을 받을 수 있을 것이다. 이 갈등은 치료자의 말에 반사적으로 반대하는 노골적인 반항의 형태로, 혹은 건전하고도 이성적인 논쟁으로 치료자보다 '한 수 위'임을 점잖게 보여 주는 미묘한 주도권 투쟁의 형태로, 혹은 진지한 숙고 없이 자동적으로 치료자의 관찰에 동의하는 수동적이고 복종적인 태도로 표현될 수 있다.

훈습이라는 개념은 특정한 갈등이 어떻게 여러 가지 방식으로 표현되는가를 살펴보는 것을 포함해서, 이런 갈등을 여러 다른 조망과 관점에서 볼 수 있도록 환자를 도와야 함을 시사한다. 환자는 그를 만나는 다른 사람들의 눈을 통해서 그 자신의 행동이 미치는 영향을 볼 수 있어야 한다. 다른 사람이 그와 함께 있을 때 주로 어떻게 느끼며, 그런 느낌이 그를 대하는 반응에 어떤 영향을 미칠지, 그리고 그들의 반응이 환자 자신에 대한 느낌에 어떤 영향을 미칠지를 안다면 환자는 많은 유익을 얻게 될 것이다. 처음에는 이러한 탐색이 환자와 치료자 사이에서 이루어지지만, 점차 환자의 일상생활에서 중요한 사람에게로 확장된다. 예를 들어 보자.

환자(AB)는 자존감과 외로움, 우울의 문제로 치료를 받게 되었다. 치료과정에서 종종 치료자의 의견과 관찰이 AB에게 매우 심한 고통을 주는 것 같았다. 치료자는 계란 위를 걷는 듯한 느낌이 들기 시작했다. 그는 자신이 뒤로 물러서서 그녀를 매우 조심스럽게 대함을 알았다. 슈퍼비전을 받은 후 치료자는 이런 상호작용 양식을 환자에게 이야기하였다. AB는 자신이 비난받는다고 느껴져 고통스러워하였고 화를 냈다. 그러나 좀 더 논의가 된 후 그녀는 자신이 치료자와 더불어 다른 사람에게 어떤 식으로 반응하였는지를 깨닫게 되었다. 그녀는 자신의 민감성으로 말미암아 사람들이 자신과 개방적으로, 정직하게, 자연스럽게 만나는 것을 꺼린다는 사실을 알고 다소 놀랐다. 다른 사람의 반응은 그녀 자신에 대한 느낌에 중요한 영향을 미쳤다. 다른 사람이 그녀 자신을 피하고 또 좋게 대하지 않는다는 느낌이 들었으므로 그녀는 자신의 가치를 확인하기 위해 분투해 왔던 것이다.

우리가 다양한 표현 방식을 가지는 행동의 특정 측면을 탐색하도록 환자를 도울 때는 행동의 여러 요소가 서로 맞물려 있다는 사실에 민감해야 한다.[3] 한 측면에 대한 작업은 우리가 주의를 기울여야 하는 또 다른 측면을 이끌어 낸다. 그리고 이것은 다시 다른 관련된 주제로 우리를 이끌 것이다. 치료자는 행동의 상호 관련성을 식별할 수 있어야 한다. 또한 환자의 특정한 반응을 전체 심리적 조직을 구성하는 더 큰 모자이크 안에서 이해할 수 있어야 한다. 우리는 특정한 행동 역동이 개별적인 실체로 존재한다고 보지 않도록, 즉 환자 심리의 다른 측면과 무관한 것으로 보지 않도록 주의해야 한다. 예를 들어, 앞에서 논의하였던 권위자와의 갈등에 대한 작업을 하다 보면 십중팔구 환자의 통제 욕구, 완벽주의, 그리고 실패에 대한 두려움과 관련된 주제를 다루게 될 것이다. 이런 주제 간의 상호 관계 및 성격의 다른 측면과의 관계를 밝히는 일이 선행되어야 내담자에게 중요한 변화가 일어난다. "이런 연결망에서 한두 측면만을 변화시키는 것은 불가능하다. 환자의 생활 경험이 의미 있게 향상되려면 연결망 전체가 바뀌어야 한다."[4]

훈습의 연습

원래 훈습은 치료과정에 대한 저항, 특히 고통과 불안을 주는 통찰에 대한 저항을 극복해 나가는 지루한 과정에 적용하던 용어였다. 그런데 Marmor는 자아심리학 지향의 분석가들이 실제 행동 변화에 대한 환자의 저항을 극복해 나가는 힘든 작업에도 이 개념을 적용한다는 사실을 관찰하였다. 그는 다음과 같이 기술하였다.

> 통찰도, 직면도, 전이 해석도 그 자체로는 근본적인 변화를 가져오지 못한다. 다만, 가끔 이런 기초에만 근거해서 변화가 일어나는 것을 볼 수 있어서 좋을 때도 있기는 하다. 그러나 대개는…… 환자를 격려해서 불안을 유발하는 상황을 직접 맞닥뜨리고 일련의 성공 경험의 축적을 통해서 그동안 바라마지 않던 자기 통제력을 마침내 얻도록 돕는 과정이 필요하다는 것을 조만간 알게 된다.[5]

갈등적이고 자기 패배적인 행동에 대한 이러한 통제력은 대개 치료자와의 지금-여기에서의 관계를 연습함으로써 처음 생긴다. 치료자와 관계를 맺는 방식, 이런 관계 양식을 가져오는 원인과 그 방식의 결과에 대한 인식이 생김에 따라 환자는 다른 방식으로 행동할 기회를 얻는다. 치료적 상호작용을 사용하여 좀 더 만족스럽고 새로운 행동 방식을 연습할 수 있게 된다. 새로운 행동을 연습한 후에는 이 경험에 대한 탐색이 뒤따른다. 이를 통해 새로운 행동 전후의 느낌을 살펴볼 수 있을 것이다. 예컨대, 위험을 무릅쓰고 이전과 달리 행동하기 전에 어떤 두려움을 느꼈을까? 이 두려움은 치료자에 대한 기대와 관련해서 탐색될 수 있다. 또한 연습을 하는 도중과 직후의 환자의 반응이 명료하게 조명될 수 있을 것이다. 이런 반응은 종종 두려운 결과에 대한 불안, 끝났다는 안도감, 그리고 처음 맛보는 성취감이 뒤섞인 것이다. 반복해서 연습하고 또 그 연습 내용을 살펴보고 소화함으로써 자기 통제감이 생긴다.

지금-여기에서의 갈등 해결은 환자의 일상생활의 갈등 해결을 위한 중요한 본보기와 방법을 제공한다. 치료자는 환자가 치료자와 새로운 방식으로 상호작용하는 것을 연습할 때, 이 관계에서 배운 것을 외적 관계에도 적용하도록 도와주는 것이 중요하다. 환자가 치료자를 다른 방식으로 대하는 것을 그저 지켜보는 것만으로는 충분하지 않다. 타인에 대한 행동까지 지속적으로 변화시키도록 돕기 위해서는 엄격함과 인내가 필요하다. 환자는 치료라는 안전한 환경에서는 이전과 다르게 행동해도 이런 변화를 자신의 일상생활까지는 일반화하지 못할 가능성이 있다. 이 가능성을 차단하기 위해서는 이런 지속적인 노력이 필요하다.

변화를 가져오는 일의 어려움

경험을 통해 우리는 정신분석 치료, 즉 인간을 그의 신경증 증상과
억제, 그리고 성격 이상에서 자유롭게 하는 일이 길고 긴 작업이라는
것을 배웠다.

Sigmund Freud, 1937, p. 373

훈습 과정 동안 치료자는 환자가 자신에 대해 알게 된 것을 정서
적 성장과 행동의 변화로 전환하도록 촉구한다. 이것은 험난한 과정
이다. Freud는 훈습에서의 어려움이 무의식적이고 원초적인 소망을
포기하는 것에 대한 저항과 관련된다고 생각하였다.[6] 그가 보기에
환자는 아동기 소망이 충족되리라는 희망에 집착하는 듯하였다.
Freud에 따르면, 환자는 이런 소망이 충족될 수 있는 기회를 갖기
위해 무의식적으로 아동기의 관계를 반복하는 방식으로 행동한다.
그는 이런 과정에 대한 통찰이 욕구 충족을 방해하리라고 무의식적
으로 지각한 환자가 이 통찰에 대해 저항한다고 생각하였다. 그러므
로 행동의 변화는 원래 아동기의 대상에게 원하였던 것을 현재의 대
상을 통해 얻으려는 환자의 시도를 위협한다.

아동기 소망의 포기에 대한 저항은 훈습이 힘든 한 가지 이유에
불과하다. 사고와 감정의 양식은 일상생활에서의 행동의 결과에 따
라 강화되고 지속된다.[7] 예를 들어, 타인에 대한 불신은 특정한 관계

양식(예컨대, 경계하고 방어하는 태도)으로 표현되는데, 이것은 실제로 악의적이고 거부적인 환경을 만들고, 이는 다시 경계하고 방어하는 행동을 강화한다. 특정한 방식으로 행동함으로써 우리는 자신의 본래의 전제에 맞는 태도를 계속 합리화할 수 있는 환경을 만들어 낼 수 있는 것이다.

환자가 효과적인 치료를 통해 자신의 내적 가정을 지지하는 상황을 계속 만들지 않는 방법을 배웠다 하더라도 변화는 여전히 쉽게 오지 않는다. 여기에는 상당한 정도의 훈습이 계속 필요하다. 내적 가정에 반하는 새로운 경험을 치료자와 해 보았다 하더라도, 기존의 습관적 기대를 만들었던 일련의 오랜 경험과 아직 싸워야 하기 때문이다. 겨우 한두 번의 반증 경험으로 그 기대가 쉽게 소멸되는 것은 아니다.[8]

치료에서 얻은 변화를 자신의 일상생활에 일반화하는 것은 더 어렵다. 타인과 관계하는 익숙한 방식을 포기한다는 것은 새로운 방식이 발달할 때까지는 불안을 유발하기 때문이다. 일상의 관계에서는 현재의 관계 양식을 유지하게 하는 압력이 중요한 타인에게서 오는 경우가 많다. 기존의 행동은 타인의 행동을 보완하는 것이거나 적어도 그들에게 익숙한 것이다. 따라서 그대로 머물러 있으라는 상당한 압력이 환자에게 가해질 수 있다.

체제의 안정을 위해 환자가 그대로 머물러 있기를 바라는 사람들의 집단적인 행동이 환자의 긍정적인 변화를 해치는 경우가 많이 있다.

James Gustafson, 1986, p. 87

변화에 대한 저항의 극복

훈습과정에서 치료자는 방어 구조와 대인관계 양식에 대한 통찰을 행동 변화를 위해 활용하지 못하게 만드는 저항에 환자가 직면하도록 돕는다. Yalom은 변화에 대한 저항을 극복하는 데 도움이 될 몇 가지 사항을 제시하였다.[9]

(1) 책임: 자신의 삶에 어떤 변화를 원한다면 반드시 그에 대한 책임을 수용해야 함을 알도록 돕는다. 환자는 다음 사항을 인식해야 한다. 첫째, 다른 사람이 그를 위해 변하지는 않을 것이다. 둘째, 변화가 그에게 저절로 일어나 주지는 않을 것이다. 셋째, 그는 자신의 미래를 위해 선택한 것에 전적으로 책임이 있다.

(2) 변화의 위험: 변화에 대한 두려움을 살펴보는 것은 생산적인 일이다. 환자는 변화를 두려워한다고 가정해도 틀리지 않다. 치료자는 환자의 두려움을 명료화하고 그것을 완화시킨다. 우선, 환자의 이성과 인지적 능력에 호소할 수 있을 것이다. 두려움에 이름을 붙이고 확인하는 작업은 지적인 이해와 숙달을 도모하는 과정에서 두려움의 감소를 가져온다. 이에 더하여 조심스럽게 그 정도를 조절하면서 처음에는 치료자와의 관계에서, 그 다음에는 다른 사람과의 관계에서 두려움을 직면하

도록 돕는다.

(3) 당신이 진정으로 원하는 것은 무엇인가: 환자는 진정으로 원하는 것을 얻기 위해서는 자신이 변해야 한다는 것을 깨달아야 한다. 신경증적 행동은 성숙한 목표와 욕구의 실현을 방해하며, 유아적인 목표와 욕구를 부분적으로 만족시킬 뿐이다. 환자는 갈등적인 대안 중에서 선택하도록, 또 통합과 자율성의 손상 없이는 성취할 수 없는 목표는 포기하도록 도움을 받아야 한다.

(4) 유능감: 변화할 수 있으며, 자신이 그것을 해낼 능력이 있다는 느낌을 가질 수 있도록 환자를 도와야 한다. Yalom은 환자의 유능감을 증진시키기 위한 수단으로 해석을 사용할 것과 설명 체제를 제공할 것을 들었다. 행동에 의미를 부여하고 설명하는 것은 통제감을 느끼게 한다. 설명은 삶에 질서를 제공하고, 삶을 보다 통합되고 예측 가능한 패턴 속에 두며, 환자에게 그 자신을 더 잘 조절할 수 있다는 느낌을 준다.

지금-여기에서의 관점에서 보자면, 치료자와의 관계를 좀 더 건설적이고 성숙한 방향으로 점차 수정해 나가는 경험을 함으로써 환자는 자신의 능력을 더 믿게 될 것이다. 환자는 자신이 치료자와의 지금-여기에서의 관계에 생산적인 영향을 미칠 수 있다는 것을 알게 되면, 다른 관계에서도 상호작용하는 방식을 변화시킬 수 있다는 더 큰 자신감을 얻게 된다.

전이의 해소

전이 분석은 과거의 경험이 전이와 역전이에 남겨 놓은 앙금을 제거하는 점진적이고 힘든 경험이다. 그 결과 치료자와 환자는 마침내 '마음으로 대면하여' 만나게 되고, 개별적인 존재로서 서로를 알게 되었음을 깨닫는다. 이것은 의심할 바 없이 사람이 이룰 수 있는 가장 중요한 관계이며, 성애적으로 '사랑에 빠지는 것'과 혼동하지 말아야 한다.

Harry Guntrip, 1969, p. 353

지금-여기에서의 전이 분석은 환자가 자신의 심리적 갈등과 그에 따른 대인관계적 표출을 해결하도록 돕는다. 이 과정에서 다음 사항이 중요하다. (1) 타인을 이해하고 관계를 형성할 때의 장애를 분석함으로써 대상을 새롭게 발견하기, (2) 치료자가 환자의 행동에 대해 신경증적 관여가 아닌 이해하려는 노력과 관심을 보일 때 생기는 '유익한 불확실성'을 경험하기, (3) 자신의 세계를 만들어 나가기 위한 책임감 배우기가 그것이다.

대상을 새롭게 발견하기

일단 세상을 달리 바라보면 우리는 다른 세상에 살게 되는 것 같다.
Arnold Goldberg, 1985, p. 64

지금-여기에서의 작업은 새로운 관계 경험을 촉진하려는 시도다. 이것은 교정적인 정서 체험을 하도록 전이를 조작해서 되는 것이 아니다. 전이 자료를 체계적으로 훈습하고 해소하여 자기와 타인에 대해 새로운 경험을 하도록 돕는 일이다. 지금-여기에서의 전이 분석은 새로운 대상관계로 이르는 길을 연다. 그것은 전이로 대표되는 새로운 관계에 대한 장애물을 차근차근 제거해 나가면서 이루어진다. 전이 왜곡과 그에 따른 대인관계 갈등을 확인하고 훈습하면, 치료자는 이제 새로운 방식으로 관계를 맺도록 환자를 이끄는 새로운 대상이 된다. 이 과정에서 환자가 이전과는 다른 방식으로 관계를 경험하도록 북돋는 치료자의 능력이 중요하다. 환자는 새로운 대상을 발견하는 것이 아니라 기존의 대상을 새롭게 발견한다.[1] 환자는 전이적 태도에서 비롯된 왜곡을 이해하고 훈습하면서 치료자를 출발점으로 하여 타인을 새롭게 보기 시작한다.

치료자가 가진 목표는 환자가 치료자를 투사의 산물이 아니라 그 나름의 장점과 약점을 가진 한 인간으로 보도록 돕는 것이다. 치료자에 대한 현실적인 시각을 발달시킨다고 할 때, 이는 나쁜 대상 표상의 투사뿐만 아니라 이상화 경향에도 적용된다. 전이를 한다는 것은 별 의심 없이 일반화를 한다는 뜻이다.[2] 이것은 치료자가 실제로 어떤 사람인지를 무시하고 현실과 동떨어진 틀 속에 치료자를 끼워 맞추는 일이다. 이상화를 통한 왜곡은 치료자에게 잔인무도한 성격을 뒤집어씌우는 것만큼이나 문제가 된다. 어느 쪽이든 치료자가 가진 본래 성격은 존중받지 못하고 침해당한다. 치료자가 환자가 가진 좋거나 나쁜 대상 표상의 저장고가 된다는 것은 다음과 같은 환자의 태도가 반영된다는 뜻이다. "나는 당신이 어떤 사람인지 알기 위해 애쓰지 않고도 당신을 이미 파악하고 있으며, 당신이 아무런 개성도 없다는 전제하에서 당신을 대하겠다. 내가 이미 가지고 있는 고정된 이해 양식을, 남들에게 그러는 것처럼 당신에게도 적용하겠다."[3]

지금-여기에서의 작업의 목표는 먼저 치료자와, 그 다음에는 다른 사람과 보다 현실적인 대상관계를 형성하는 것이다. 치료자는 환자가 과거에 경험하였던 것보다 더 성공적인 상호작용을 치료관계 안에서 펼쳐 볼 수 있도록 돕는 일에 주력한다. 전이에 초점을 맞추는 이유는 환자가 치료자를 보다 성숙하고 합리적이고 갈등이 없는 방식으로 대하는 데 방해가 되는 장애물을 제거하기 위해서다. 전이가 지각적·정서적 편견이라면, 전이의 해소는 치료 상황을 보는 방식에 융통성을 더하고 좁은 안목을 넓히도록 돕는다. 치료자와 환자는 과거로부터 물려받은 과도한 유산이 제거된, 현실을 반영하는 새로운 관계를 만들어 나간다. 이런 노력은 인간관계가 갈등에서 완전히 자유로울 수는 없지만, 열린 마음과 목표의식을 가지고 다른 사람과의 갈등을 해소하는 방향으로 기꺼이 나아갈 수 있다는 메시지를 환자에게 전달한다.

유익한 불확실성

지금-여기에서의 작업은 자신의 상호작용을 검토하는 그 행동이 곧 환자에게 새로운 체험을 제공한다는 점에서 전이 해소에 도움을 준다.[4] 환자는 자신의 행동이 치료자에게서 예측 가능한 반응, 즉 과거에 다른 많은 사람에게 반복해서 불러일으켰던 바로 그 반응을 가져오리라고 추측한다. 환자는 과거의 경험에 의존하여 세상에 대한 자신의 내적 경험과 일치하는 방향으로 치료자와의 관계를 재창조하고, 그에 걸맞은 행동을 불러일으키려는 무의식적인 시도를 한다. 치료자는 관계를 함께 검토하되 이끌리는 대로 반응하지 않음으로써, 다시 말해 다른 사람이 했던 것과는 다르게 대함으로써 환자에게 새로운 경험을 제공한다. 여기서 환자가 가진 기존의 대처 전략이 강화되지 않을 때 잠재적으로 유익한 불확실성이 조성된다.[5] 처음에 이 경험은 당혹스럽고 좌절을 주며 불안을 유발하지만, 곧 과거 반응의 부적절함에 대해 이해하고 변화를 연습할 수 있는 기회를 준다. 그래서 Freebury는 치료자가 환자의 말을 경청하고 이해한 바를 공감적으로 전달하는 능력은 환자가 이전에 경험하였던 것과는 다른 독특한 대인관계 경험을 가져다준다고 하였다. 환자는 이 경험이 몹시 생소하기 때문에 다른 사람이 보였던 것과 동일한 반응을 치료자에게서 불러일으켜 그 불일치를 해소하려 할 수도 있다. 이것이 실패하면 환자는 자신과 타인에 대해 오래 지속해 왔던 부적응적 신념을 수정해야 할 필요성에 직면한다. "그러한 반복을 피하는 치료자의 능력이 이전과는 다른 어떤 것을 약속하고 희망을 준다. 때로 고통스럽기도 한 작업에서 환자와 치료자 모두를 버티게 해 주는 것이 바로 이러한 희망이다."[6]

새로운 경험을 제공할 때는 단순히 과거의 행동을 강화하지 않는 것에 머무르지 않고 그 경험을 함께 숙고하고 검토하는 과정이 매우 중요하다. 단순한 새로운 경험과 숙고되고 검토된 새로운 경험의 역할은 서로 다르다. 후자는 효과적이고 전자는 덜 효과적이다.[7]

책 임

지금-여기에서의 전이 분석은 자신이 관련된 상호작용의 질과 다양성에 대한 책임이 바로 자신에게 있다는 자각을 키우는 데 효과적인 수단이 된다. 이 전이 작업의 목표 중 하나는 관계 경험에 대한 책임이 일차적으로 환자 자신에게 있다는 점을 보도록 돕는 것이다.[8] 치료자는 환자 스스로 자신의 문제를 만든다는 관점을 가지고 치료에 임하는 것이 도움이 된다.[9] 외로움을 느끼고 고립되며 계속해서 학대당하고 잠을 못 자는 것이 우연이나 불행 혹은 나쁜 유전자 때문이 아니라는 것이다. 치료자는 환자가 자신의 딜레마에서 어떤 역할을 하는지 분명히 알아야 하고 그 통찰을 나누어야 한다. 변화를 위한 동기는 자기가 자신의 세계를 만드는 데 어떻게 관여하는지를 보는 능력과 매우 밀접하게 연관되어 있다. "만약 문제가 다른 사람이나 불행 혹은 만족스럽지 못한 직업 때문에—간단히 말해, 자기 외부의 어떤 것 때문에—생긴다는 믿음을 가지고 있다면, 왜 자신의 변화를 위해 에너지를 쏟겠는가? 그런 신념 체계에 꼭 맞는 전략은 치료적인 것이 아니라 환경을 변화시키려는 활동가의 것이어야 할 것이다."[10]

치료자는 환자가 자기 행동의 특징과 그것이 타인에게 미치는 영향을 확인하고 이해할 수 있도록 지금-여기를 사용한다. 사랑하고, 미워하고, 원하는 것을 갖기 위해 하는 전형적인 행동이 다른 사람의 반응에 어떤 영향을 미치며, 그 반응이 자기 자신에 대한 느낌에 어떤 결과를 가져오는지를 배우게 된다. 자신의 내적 대상과 무의식적으로 벌이는 전쟁을 현재의 대상과 다시 벌이게 되는 과정을 알게 되는 것이다. 그 작업이 효과적이라면 환자는 충동과 방어와 갈등에 점점 덜 지배당할 것이며, 점점 더 많이 자기 존재의 주체가 될 것이다. "자신의 과거와 현재에 일어난 모든 불가피한 상황과 끔찍한 일을 고려할 때조차도, 그것이 가족 구성이든 외상이든 질병이든 성적 해부학적 구조든 간에 이런 요인을 재료로 삼아 그 자신이 만든 것에 그동안 얼마나 많이 의존해 왔는지를 깨닫게 된다."[11]

환자는 치료자에게 많은 것을 기대하며 치료를 시작한다. 현명한 조언을 통해 삶을, 사람들과의 관계를, 직장에서의 업무 능력을, 기타 수많은 문제를 변화시켜 줄 정답을 얻으리라고 기대한다. 그러나 치료자는 무엇을 하는가? 그는 질문하고 탐색하며 지적하고 피드백을 제공한다. 그는 환자가 자기 자신에 대해 알도록 돕는다. 즉, 어떻게 해서 그런 특성의 사람이 되었으며, 무엇을 하면서 그 정체성을 유지하는지를 알도록 돕는다. 심리내적이고 대인관계적인 과정에 이렇게 초점을 맞추는 것이 자신을 더 잘 알도록 돕기는 해도 환자는 환상이 깨어지는 실망감을 겪지 않을 수 없다. 환자는 마술을 원했으나, 얻은 것은 어떻게 자신의 존재를 스스로 창조하고 유지하였는지, 어떻게 그 자신이 자기 삶의 주체였는지에 관한 관찰이었다. 치료자가 주로 해 주는 것은 환자가 그것을 깨닫도록 돕는 것이다.

모든 것을 다 아는 누군가에게서 해결책을 얻기를 원하였으나, 가장 효과적인 해결책은 자신의 내부에서 나온다는 것을 환자는—다소 마지못해 하면서—배운다. 이러한 배움의 경험은 일종의 상실이자 자기애적 타격이 된다. 환자는 모든 것을 올바르게 잡아 줄 부모상이 존재한다는 환상을 잃고, 치료자는 그런 존재가 될 수 있는 기회를 잃는다. 이러한 상실은 큰 고통을 준다. 그래서 환자와 치료자 모두에게서 저항을 가져올 수 있다.

> 치료에서 환자가 배우게 되는 참으로 가치 있는 한 가지는 인간관계가 가진 한계다. 우리는 다른 사람에게서 무엇을 얻을 수 있는지를 배운다. 그러나 더욱 중요한 것은 우리가 다른 사람에게서 무엇을 얻을 수 없는지를 배우는 것이다.
>
> Irvin Yalom, 1980, pp. 406-407

지금 – 여기를 강조하는 접근에서 주의할 사항

그러나 나는 이러한 규칙을 '권고 사항'이라고 신중하게 부르려고 하며, 그것을 무조건 수용해야 한다고 주장하지 않을 것이다. 정신 구조의 놀라운 다양성과 정신적 과정의 유연성, 그리고 결정 요인의 풍부함은 기법의 어떤 기계적 적용도 반대한다.

Sigmund Freud, 1913, p. 123

나는 치료자들이 이 책을 읽음으로써 지금-여기에 초점을 두는 작업의 가치를 인식하고 또 이런 작업에 대한 저항을 탐색하는 데 도움을 얻기를 바란다. 그러나 치료자가 치료적 과정의 이런 측면에 주의를 더 많이 기울임에 따라, 이전에는 덜 강조되었던 것을 이번에는 과잉 강조하는 경향이 생길 수 있음을 아는 것도 중요하다. 일반적으로 전이 해석은, 특히 지금-여기에 초점을 맞추는 것은 치료자가 갖추어야 할 기법 중 하나일 뿐이다. 지금-여기에서의 접근은 마술 도구가 되어서도 안 되며, 기계적으로 적용되어서도 안 된다. 그런 자세는 많은 위험을 자초한다. 치료자는 다음 사항들을 주의해야 한다.

치료에의 과잉 몰입

치료자가 환자-치료자 관계에만 배타적으로 관심을 가지면 환자는 지금-여기에서의 경험과 치료자에게만 신경 쓰게 될 수 있다. 그들의 관계에 대한 논의와 분석의 중요성만이 지나치게 과장되고, 환자의 삶의 다른 측면은 간과될 수 있다. 또한 서로의 반응과 감정만을 반복해서 다루는, 자기애적인 만족을 주는 편안한 경험이 인생의 힘든 문제와 맞닥뜨려 싸우려는 노력을 대신할 수 있다. 치료와 치료 밖의 삶에 인위적인 분리가 생기고, 전자는 후자에 거의 아무런 영향도 끼치지 못한다. 전이관계에서 얻는 만족이 변화에의 욕구를 압도함으로써 치료는 불필요하게 길어진다.

이에 더하여, 치료자의 비위를 맞추고 호의를 얻으려는 신경증적 욕구와 투쟁하는 환자는 어떤 행동이 치료자를 기쁘게 할 것인지에 대해 매우 예민하다는 점을 생각해야 한다. 지금-여기의 관계에만 경직되게 초점을 맞추는 것은 어떤 주제와 정보가 치료자의 흥미를 끄는지 환자에게 알려 주는 셈이 된다. 그래서 환자는 치료자의 인정을 받기 위해 '여기'에만 집중하게 된다. 환자는 자신에게 중요한 것보다 치료자에게 중요해 보이는 주제를 논의하게 된다. 결국, 환자는 미묘하게, 때로는 미묘하지도 않게 치료의 부담과 책임을 치료자에게 떠넘긴다.

전이의 오용

지금-여기에서의 현상에 대한 과도한 강조는 다음과 같은 방식으로 전이관계에 대한 환자의 정서적 경험을 고조시킬 수 있다. (1) 환자는 마치 종교적으로 회심하듯이 치료자의 신념을 받아들일 수 있다. (2) 환자는 치료자가 초기의 중요한 사람과 정반대로 다르게 행동하는 것(예컨대, 무관심한 부모 대 보살피는 치료자)을 경험함으로써 통찰의 도움 없이 태도와 신념이 바뀌는 교정적 정서 체험을 할 수 있다. 그러나 이 두 경우 모두 위험이 따른다. 전자의 경우, 한 부모의 규칙을 다른 부모의 규칙과 단순히 교환함으로써 성격의 경직성이 증가되는 결과를 가져올 수 있다. 후자의 경우, 교정적 정서 체험의 효과라는 것은 훈습의 과정을 거치지 않으면 피상적이고 단기적인 경향이 있다. 지금-여기의 경험에만 고정된 초점은 치료적 관계 안에서 배운 것을 치료 밖의 관계로 일반화하는 과정을 방해할 수 있다.

주의 집중의 손상

지금-여기에 지나치게 초점을 맞추면 환자의 자료에 접근할 때 왜곡이 일어나서 자료의 여러 측면을 동시에 경청하기(즉, 고르게 주의를 집중하기)가 어려워진다. Freud에 따르면, 치료자는 정도 이상으로 주의를 집중하는 순간부터 환자의 자료에 선택적으로 주목하기 시작한다.[1] 이렇게 환자가 제시하는 자료의 어떤 특정한 측면만 기대하고 주목하기 시작하면 전체 그림을 놓치게 된다.

전이 행동에만 주의를 기울이다 보면 환자 경험의 다른 부분(예컨대, 내인성 우울 등)은 전혀 못 볼 수도 있다. 치료자가 자신에 대한 반응만을 경청하고 모든 생각과 느낌을 치료관계에만 관련시키면 환자의 삶을 전체적으로 이해하고 공감하지 못하는 위험을 자초하게 된다.

과잉일반화

이것은 지금-여기에서의 초점에 관한 마지막 주의점이다. 치료자는 치료에서 보이는 환자의 행동이 다른 모든 대인관계를 정확하게 반영한다고 잘못 가정할 수 있다. 이렇게 되면 환자의 기능에 대한 불충분한 이해와 과잉일반화된 관찰을 기반으로 한 치료를 하게 된다. 행동은 복합적으로 결정된다. 한 사람의 행동은 부분적으로는 그가 처해 있는 상황과 그 상황에서 그가 맺는 특정한 인간관계의 함수다. 치료자는 환자가 항상 자신의 모든 면을 보여 주지는 않는다는 점을 인식하고 있어야 한다. 환자의 전이 행동을 관찰하는 것은 이해를 위한 하나의 수단일 뿐이다. 환자의 어떤 면은 치료자와의 관계에서 재생될 수 없다. 따라서 치료 밖에서의 환자의 생활에 대해 아는 것이 그의 정신적 기능의 복잡성을 이해하는 데 필수적인 자료가 된다.[2]

치료자를 대하는 환자의 행동은 다른 중요한 사람과 관계를 맺는 방식과 몇 가지 중요한 점에서 다를 수 있다. 우리는 행동의 연속성을 가정하고, 이 연속성의 가정 위에 많은 정신역동적인 기법을 세웠다. 그러나 치료 안의 행동이 치료 밖의 관계를 완벽하게 반영한다는 가정은 누구도 할 수 없는 것이다.

지금-여기를 다룰 시점

지금-여기에서의 환자-치료자 관계에 초점을 맞출 때는 언제이며, 치료적 과정의 다른 영역을 다루어야 할 때는 언제인가? 나의 경험상 지금-여기에서의 작업은 게슈탈트의 '전경-배경' 현상과 유사하다. 어느 시점에서는 그것이 전경이 되어 논의와 탐색과 작업의 중심이 된다. 또 어느 시점에서는 배경이 되어, 주목받지는 않아도 항상 거기에 있다. 언제 지금-여기에 초점을 둘 것인지 명확하게 말하기는 어려우나 다음과 같은 점을 고려할 수 있겠다.

생산성

1913년에 Freud는 환자의 이야기가 막힘없이 흐를 때는 전이 주제(즉, 환자-치료자 관계)를 다루지 말라고 하였다.[3] 나중에 그는 전이가 협력적인 분석 작업에 도움이 된다면 그것에 초점을 둘 필요가 없지만, 만약 의사소통 과정에 대한 저항으로 작용한다면 반드시 전이에 주의를 기울여야 한다고 주장하였다.[4] 전이 해석의 시점에 대한 견해와 방해하는 전이 대 촉진하는 전이의 구분에 대한 Freud의 언급에서 많은 것을 유추해 볼 수 있을 것이다. 그러나 현재의 논의에 제일 적합한 내용은 환자가 치료과정을 생산적으로 활용하고 있는 한, 즉 환자가 자신에 대해 이야기하고 자신의 감정을 탐색하고 이해하는 일에 전념하고 있는 한 지금-여기에 초점을 두는 것은 우선순위가 아니라는 Freud의 원칙이다. 이때 환자-치료자 관계는 뒤에 머물러 배경이 된다. 그러한 시점에 지금-여기를 언급하는 것은 혼란을 줄 뿐이다. 환자가 생산적인 자기 몰입을 못한다 싶을 때까지는 미루어 두는 것이 바람직하다. 환자의 이야기가 막히기 시작하고 전이관계의 암시가 분명히 드러나며 환자의 대인관계 방략이 현재에 재연되어 그 자기 패배적인 측면을 치료자가 이해할 수 있게 되면, 환자-치료자 관계는 주의의 초점인 전경이 되며, 다른 모든 것은 뒤로 물러나 배경이 된다.

라 포

불안을 일으킬 수 있는 주제를 논의하려면 먼저 신뢰와 애착과 유대가 있어야 한다. Freud는 환자와 적절한 라포가 이루어질 때까지는 전이에 관한 대화를 보류하라고 하였다.[3] 비록, 어떤 환자와는 신뢰관계가 형성되기 전에 전이 해석을 해야 한다는 주장이 설득력이 있지만,[5] 대부분의 경우는 지금-여기에의 초점이 언제 생산적일지를 결정하는 데 Freud의 조언이 유용하다.

지금-여기에 관한 해석은 환자가 치료자와 치료 자체에 대해 어느 정도 신뢰와 편안함을 느낄 수 있을 때까지 유보하는 것이 좋다. 심리내적이고 대인관계적인 과정에 대한 해석은 다양한 반응을 불러일으킬 것이다. 그동안의 존재 방식에 의문이 제기된다는 점에서 불안을 가져올 수 있다. 비난받는 느낌이나 수치스럽고 모욕을 당하는 듯한 느낌이 들 수도 있다. 또한 자기애적 상처에서 분노가 생길 수 있다. 상실감과 실망감을 느낄 수도 있다. 어떤 의미에서 해석은 환상과 방어와 기존의 만족을 앗아가 버리기 때문이다. 해석은 또한 고독감을 주기도 한다. 적어도 그 순간에는 치료자가 공감적인 애착을 접고 한 걸음 떨어져 냉정한 관찰을 한다는 점에서 그렇다.[6] 해석의 효과는 지금-여기의 관계를 이야기할 때 더욱 강력해진다. Sullivan은 환자-치료자 관계에 대해 이야기를 나눔으로써 생기는 불안을 잘 알고 있었다. 그래서 그는 "환자와 치료자라는 독특한 관계를 맺고 있는 바로 그 상대에 대해 가지는 감정과 생각과 충동 등을 솔직하고 직설적으로 표현한다는 것은 대부분의 사람에게 어려운 일이다"라고 하였던 것이다.[7] 이 때문에 Sullivan은 치료 초기에는 치료관계 밖의 현재 사건을 주로 탐색하였으며, 그런 다음 점차적으로 치료자와 환자의 현재 치료관계에 초점을 맞추기 시작하였다.

15 _ 지금-여기를 강조하는 접근에서 주의할 사항

중요한 현재 사건

환자가 치료 이외의 일상생활에서 중요한 사건을 겪을 때도 지금-여기에 초점 맞추기는 금기가 된다. 사랑하는 사람의 죽음이나 비극적인 사고 혹은 실직과 같은 일들은 개인의 안정감을 위협하며, 이를 다루기 위해서는 상당한 정도의 심리적 에너지가 필요하다. 이런 상황에서는 심리적으로 침몰당하지 않는 일에 에너지를 대부분 소모해야 한다. 치료를 사회적 삶의 축소판으로 활용하여 자신의 전형적인 행동 방식을 이해해야겠다는 유인과 동기가 생길 여지가 없는 것이다. 그런 어려운 시기에 지금-여기에 초점을 두는 것은 자아 통합을 위협하는 비공감적 공격으로 느껴질 것이다.

주(註)

저자 서문
1 S. Ferenczi, 1921

제1부 전이 분석의 중요성 및 개관

01 전이 분석의 개관

1 S. Freud, 1912a
2 R. Greenson, 1967
3 L. Stone, 1961, p. 42
4 O. Fenichel, 1941
5 F. Alexander, 1946
6 D. Malan, 1963
7 D. Malan, 1976
8 H. Strupp and J. Binder, 1984
9 G. Bauer and J. Mills, 1989
10 M. Gill, 1979
11 G. Bauer and J. Kobos, 1984
12 H. Davanloo, 1980

13 H. Strupp, 1977
14 P. Wachtel, 1986
15 O. Rank and S. Ferenczi, 1925
16 W. Reich, 1933
17 H. S. Sullivan, 1953
18 H. Racker, 1968
19 O. Kernberg et al., 1989
20 P. Wachtel, 1977
21 R. Schafer, 1983
22 M. Gill, 1982
23 B. Bird, 1972, p. 272

02 지금-여기에서의 전이 분석의 중요성

1 L. Luborsky et al., 1971
2 D. Orlinsky and K. Howard, 1978
3 H. Davanloo, 1978
4 S. Budman and A. Gurman, 1988
5 H. Strupp, 1977

6 I. Yalom, 1986

7 R. Schafer, 1983

8 H. Strupp and J. Binder, 1984

9 K. Menninger, 1958, p. 63

10 E. Wolf, 1966

11 S. Freud, 1914

12 J. Strachey, 1934, p. 132

13 H. Strupp and J. Binder, 1984, p. 159

14 D. Kiesler, 1982

15 L. Stone, 1967, p. 35

16 P. Greenacre, 1959

17 H. S. Sullivan, 1954

18 M. Gill, 1982, p. 163

19 P. Wachtel, 1977

20 S. Freud, 1912a, p. 108

제2부 환자의 저항

03 저항에 대한 개관

1 S. Freud, 1912a, p. 103

2 P. Dewald, 1964

3 R. Schafer, 1983

4 S. Freud, 1912a

5 H. S. Sullivan, 1947

6 E. Singer, 1965

7 H. Guntrip, 1969

8 D. Freebury, 1989

9 P. Wachtel, 1982a

10 H. Strupp and J. Binder, 1984

11 S. Freud, 1914, p. 155

12 S. Tarachow, 1963

13 R. Schafer, 1983, p. 75

14 R. Schafer, 1983, p 168

15 S. Bach, 1985, p. 225

04 지금-여기에서의 전이 분석에 대한 환자의 저항

1 M. Gill, 1979

2 H. Strupp and J. Binder, 1984

3 R. Schafer, 1983

4 P. Wachtel, 1986

5 M. Gill and I. Hoffman, 1982

6 S. Freud, 1912a

7 E. Zetzel and W. Meissner, 1973

8 H. Racker, 1968

9 J. Sandler, 1976

10 S. Tarachow, 1963

11 A. Druck, 1989

12 I. Yalom, 1986

13 S. Levy, 1984

14 M. Gill, 1983

15 M. Gill, 1982

16 S. Freud, 1900

17 S. Freud, 1925

18 S. Ferenczi, 1925, p. 225

19 P. Heimann, 1956, p. 309

20 H. Strupp and J. Binder, 1984, p.

20

21 S. Lipton, 1977a

22 R. Waelder, 1930

23 I. Yalom, 1980

24 E. Singer, 1965

25 S. Freud, 1914, p. 151

26 S. Freud, 1912a, p. 101

제3부 치료자의 저항

05 지금-여기에서의 전이 분석에 대한
치료자의 저항

1 S. Freud, 1912a

2 O. Rank and S. Ferenczi, 1925

3 J. Strachey, 1934, p. 364

4 W. R. Bion, 1967, p. 272

5 P. Wachtel, 1977

6 M. Gill, 1979

7 M. Gill, 1980-81

8 S. Lipton, 1977b

9 E. Glover, 1955

10 P. Gray, 1973, p. 480

11 J. Strachey, 1934, p. 158

12 R. Schafer, 1983

13 H. Strupp and J. Binder, 1984

14 P. Meadow, 1987

15 B. Bird, 1972

16 E. Glover, 1955, p. 108

17 O. Kernberg, 1975

18 E. Beier, 1966

19 S. Roth, 1987

20 K. Menninger, 1958

21 L. Epstein, 1979

22 O. Kernberg, et al., 1989

23 L. Tower, 1956

24 H. Racker, 1957

25 A. Issacharoff, 1979

06 발생적 해석의 지나친 강조

1 J. Frank, 1974

2 R. Schafer, 1983

3 J. Reppen, 1982

4 H. Bruch, 1977

5 H. S. Sullivan, 1954

6 I. Yalom, 1975

7 F. Pine, 1985, p. 153

8 I. Yalom, 1980

9 C. Rycroft, 1966

10 O. Kernberg, et al., 1989

11 P. Dewald, 1964

12 F. Alexander and T. French,
1946

13 H. Strupp, 1973

14 S. Freud, 1914

15 P. Wachtel, 1982a, p. 46

07 치료자의 소극적인 태도

1 H. S. Sullivan, 1954, p. 54

2 H. S. Sullivan, 1954, p. 22

3 S. Lipton, 1977b

4 P. Wachtel, 1977

5 C. Goldin, 1985

6 H. Racker, 1968

7 F. Alexander, 1946

8 K. Eissler, 1953

9 J. Arlow, 1961

10 O. Fenichel, 1941, p. 86

11 H. S. Sullivan, 1954

12 A. M. Cooper, 1987

13 M. Gill, 1982

14 A. Druck, 1989

15 K. Menninger, 1958

16 A. Grey, 1988

17 G. Blanck and R. Blanck, 1974, p. 50

18 D. W. Winnicott, 1963

19 R. Carson, 1982

20 H. Strupp and J. Binder, 1984

21 P. Wachtel, 1986, p. 62

22 O. Kernberg, et al., 1989

23 W. Goldstein, 1991

24 D. Kiesler, 1982

25 J. Reppen, 1982

26 T. Dorpat, 1977

27 J. Strachey, 1934, p. 138

28 A. Issacharoff, 1979

29 P. Wachtel, 1982a

30 P. Wachtel, 1986, p. 64

31 H. Loewald, 1960

32 R. Schafer, 1983

33 O. Kernberg, 1982

34 R. Schafer, 1983, p. 5

35 G. Bauer and J. Kobos, 1990

08 긍정적 전이에 대한 지나친 강조

1 S. Freud, 1912a, p. 100

2 M. Gill and H. Muslin, 1976

3 J. McLaughlin, 1981

4 S. Freud, 1937, p. 388

5 L. Stone, 1967, p. 35

6 S. Roth, 1987

7 H. Loewald, 1960

8 R. Chessick, 1980

9 A. Druck, 1989

10 G. Blanck and R. Blanck, 1979

11 P. Heimann, 1956

12 H. Kohut, 1977

13 R. Schafer, 1983

14 D. W. Winnicott, 1963

15 B. Bird, 1972, p. 286

09 전이와 전이가 아닌 것을 구분하는 일의 어려움

1 D. Wile, 1984

2 T. Szasz, 1963

3 T. Szasz, 1963, p. 438

4 I. Hoffman, 1983

5 M. Gill, 1983

6 H. Loewald, 1960, p. 32

7 J. McLaughlin, 1981

8 M. Gill, 1982, p. 85-86

9 P. Wachtel, 1980

10 I. Hoffman, 1985

11 M. Gill, 1982

12 P. Wachtel, 1986

13 M. Gill, 1980-81

14 O. Fenichel, 1941, pp. 72-73

15 M. Gill, 1979

16 M. Gill, 1979, pp. 281-282

17 P. Wachtel, 1980

18 R. Schafer, 1983

10 지나친 확신

1 S. Freud, 1912b

2 R. Schafer, 1983

3 A. Cooper, 1987

4 I. Yalom, 1975

5 H. Kohut, 1971

6 H. Strupp and J. Binder, 1984, p. 48

7 P. Greenacre, 1959

8 H. Strupp and J. Binder, 1984

9 I. Hoffman, 1983

10 M. Gill, 1982

11 J. Reppen, 1982

11 성급한 투사 해석

1 L. Epstein, 1979

2 L. Epstein, 1979, P. 261

3 L. Epstein, 1979, P. 262

4 L. Sederer and J. Thorbeck, 1986

5 P. Meadow, 1987

6 L. Epstein, 1979, p. 265

제4부 전이를 다루는 기법

12 해 석

1 F. Pine, 1985

2 M. Basch, 1980

3 H. Kohut, 1984, p. 72

4 H. Strupp and J. Binder, 1984

5 J. Sandler, et al., 1971

6 J. Strachey, 1934

7 I. Yalom, 1975

8 H. S. Sullivan, 1954

9 P. Wachtel, 1977

10 M. Basch, 1980

11 S. Bach, 1985

12 L. Sederer and J. Thorbeck, 1986

13 L. Epstein, 1979

14 G. Blanck and R. Blanck, 1974,
    p. 326

15 G. Blanck and R. Blanck, 1974

16 S. Freud, 1913

17 T. French, 1946

18 S. Freud, 1940
19 L. Sederer and J. Thorbeck,
    1986, pp. 696–697

13 훈습

1 S. Freud, 1914, p. 155
2 O. Fenichel, 1945, p. 31
3 A. Cooper, 1989
4 A. Cooper, 1989, p. 34
5 J. Marmor, 1979, pp. 351–352
6 S. Freud, 1914
7 P. Wachtel, 1982a
8 P. Wachtel, 1977
9 I. Yalom, 1975

14 전이의 해소

1 H. Loewald, 1960
2 E. Singer, 1965
3 E. Singer, 1965, p. 277

4 M. Gill, 1982
5 E. Beier, 1966
6 D. Freebury, 1989, p. 774
7 M. Gill, 1983
8 I. Hoffman, 1983
9 I. Yalom, 1980
10 I. Yalom, 1980, p. 231
11 R. Schafer, 1983, p. 107

15 지금-여기를 강조하는 접근에서 주
의할 사항

1 S. Freud, 1912b
2 L. Stone, 1961
3 S. Freud, 1913
4 S. Freud, 1916–1917
5 O. Kernberg, 1975
6 S. Tarachow, 1963
7 H. S. Sullivan, 1954, p. 164

참고문헌

Alexander, F. (1925). Review of *The Development of Psychoanalysis*, by O. Rank and S. Ferenczi. *International Journal of Psycho-Analysis 6*, 484-496.

Alexander, F. (1946). The principle of flexibility. In *Psychoanalytic Therapy: Principles and Application,* ed. F. Alexander and T. French (pp. 25-65). New York: Ronald.

Alexander, F., & French, T. (1946). *Psychoanalytic Therapy: Principles and Applications,* New York: Ronald.

Arlow, J. (1961). Silence and the theory of technique. *Journal of the American Psychoanalytic Association 9*, 44-55.

Bach, S. (1985). *Narcissistic States and the Therapeutic Process.* Northvale, NJ: Jason Aronson.

Balint, M. (1968). *The Basic Fault: Therapeutic Aspects of Regression.* New York: Brunner/Mazel.

Bach, M. (1980). *Doing Psychotherapy.* New York: Basic Books.

Bauer, G., & Kobos, J. (1984). Short-term psychodynamic psychotherapy: reflections on the past and current practice. *Psychotherapy 21*, 153-170.

Bauer, G., & Kobos, J. (1987). *Brief Therapy: Short-Term Psychodynamic Intervention.* Northvale, NJ: Jason Aronson.

Bauer, G., & Kobos, J. (1990). Common dilemmas in learning short-term psychodynamic psychotherapy. *Journal of College Student Psychotherapy*

5, 57-73.

Bauer, G., & Mills, J. (1989). Use of transference in the here and now: Patient and therapist resistance. *Psychotherapy 26*, 112-119.

Beier, E. (1966). *The Silent Language of Psychotherapy*. Chicago: Aldine.

Bion, W. (1967). Notes on memory and desire. *The Psychoanalytic Forum 2*, 271-281.

Bird, B. (1972). Notes on transference universal phenomenon and hardest part of the analysis. *Journal of the American Psychoanalytic Association 20*, 267-300.

Blanck, G., & Blanck, R. (1974). *Ego Psychology: Theory and Practice*. New York: Columbia University Press.

Blanck, G., & Blanck, R. (1979). *Ego Psychology II*. New York: Columbia University Press.

Blanck, R., & Blanck, G. (1977). The transference object and the real object. *International Journal of Psycho-Analysis 58*, 33-44.

Bromberg, P. (1984). The third ear. In *Clinical Perspectives on the Supervision of Psychoanalysis and Psychotherapy*, ed. L. Caligor, P. Bromberg, and J. Meltzer (pp. 29-44). New York: Plenum.

Bruch, H. (1977). Sullivan's concept of participant-observation (a symposium). *Contemporary Psychoanalysis 13*, 347-386.

Budman, S., & Gurman, A. (1988). *Theory and Practice of Brief Therapy*. New York: Guilford.

Carson, R. (1982). Self-fulfilling prophecy, maladaptive behavior and psychotherapy. In *Handbook of Interpersonal Psychotherapy*, ed. J. Anchin and D. Kiesler (pp. 64-72). New York: Pergamon.

Chessick, R. (1980). *Freud Teaches Psychotherapy*. Indianapolis: Hackett.

Cooper, A. (1989). Working through. *Contemporary Psychoanalysis 25*, 34-62.

Cooper, A. M. (1987). Changes in psychoanalytic ideas: Transference interpretation. *Journal of the American Psychoanalytic Association 35*, 77-98.

Davanloo, H. (1978). *Basic Principles and Techniques in Short-Term Dynamic Psychotherapy*. New York: Spectrum.

Davanloo, H. (1980). *Short-Term Dynamic Psychotherapy*. New York: Jason

Aronson.

Dewald, P. (1964). *Psychotherapy: A Dynamic Approach*. New York: Basic Books.

Dorpat, T. (1977). On neutrality. *International Journal of Psychoanalytic Psychotherapy 6*, 39–64.

Druck, A. (1989). *Four Therapeutic Approaches to the Borderline Patient*. Northvale, NJ: Jason Aronson.

Eissler, K. (1953). The effect of the structure of the ego on psychoanalytic technique. *Journal of the American Psychoanalytic Association 1*, 104–143.

Epstein, L. (1979). The therapeutic use of countertransference data with borderline patients. *Contemporary Psychoanalysis 15*, 248–275.

Epstein, L., & Feiner, A. (1979). Countertransference: The therapist's contribution to treatment. *Contemporary Psychoanalysis 15*, 489–513.

Fenichel, O. (1941). *Problems of Psychoanalytic Technique*. New York: Psychoanalytic Quarterly.

Fenichel, O. (1945). *The Psychoanalytic Theory of Neurosis*. New York: W. W. Norton.

Ferenczi, S. (1921). The further development of an active therapy in psychoanalysis. In *Further Contributions to the Theory and Technique of Psychoanalysis*, ed. J. Rickman (pp. 198–217). London: Hogarth, 1950.

Ferenczi, S. (1925). Contra-indications to the "active" psychoanalytic technique. In *Further Contributions to the Theory and Technique of Psychoanalysis*, ed. J. Rickman (pp. 217–230). London: Hogarth, 1950.

Ferenczi, S. (1928). The elasticity of psychoanalytic technique. In *Final Contributions to the Problems and Methods of Psychoanalysis*, ed. M. Balint (pp. 87–101). London: Hogarth, 1955.

Frank, J. (1974). *Persuasion and Healing* (2nd ed). New York: Schocken.

Freebury, D. (1989). The therapeutic alliance: A psychoanalytic perspective. *Canadian Journal of Psychiatry 34*, 772–774.

French, T. (1946). The dynamics of the therapeutic process. In *Psychoanalytic Therapy Principles and Application*, ed. F. Alexander and T. French (pp. 132–144). New York: Ronald.

Freud, S. (1900). The interpretation of dreams. *Standard Edition* 5.

Freud, S. (1905). Fragment of an analysis of a case hysteria. *Standard Edition 7*, 7–122.

Freud, S. (1909). Notes upon a case of obessional neurosis. *Standard Edition 10*, 153–318.

Freud, S. (1910). Observations on wild psychoanalysis. *Standard Edition 11*, 219–227.

Freud, S. (1912a). The dynamics of transference. *Standard Edition 12*, 99–108.

Freud, S. (1912b). Recommendations to physicians practicing psychoanalysis. *Standard Edition 12*, 111–120.

Freud, S. (1913). On beginning the treatment. *Standard Edition 12*, 123–144.

Freud, S. (1914). Remembering, repeating and working through. *Standard Edition 12*, 145–157.

Freud, S. (1915). Observations on transference love. *Standard Edition 12*, 157–172.

Freud, S. (1916-1917). Introductory lectures in psychoanalysis. *Standard Edition 15, 16*.

Freud, S. (1925). An autobiographical study. *Standard Edition 20*, 7–74.

Freud, S. (1926). The question of lay analysis. *Standard Edition 20*, 183–258.

Freud, S. (1937). Analysis terminable and interminable. *International Journal of Psycho-Analysis 18*, 373–405.

Freud, S. (1940). An outline of psychoanalysis. *Standard Edition 23*, 139–207.

Freidman, L. (1978). Trends in the psychoanalytic theory of treatment. *Psychoanalytic Quarterly 47*, 524–567.

Gill, M. (1979). The analysis of the transference. *Journal of the American Psychoanalytic Association 27*, 263–288.

Gill, M. (1980-1981). The analysis of transference: A critique of Fenichel's *Problems of Psychoanalytic Technique*. *International Journal of Psychoanalytic Psychotherapy 8*, 45–56.

Gill, M. (1982). *The Analysis of Transference* (Vol. 1). New York: International Universities Press.

Gill, M. (1983). The interpersonal paradigm and the degree of the therapist's involvement. *Contemporary Psychoanalysis 19*, 200–237.

Gill, M., & Hoffman, I. (1982). *Analysis of Transference* (Vol. 2). New York: International Universities Press.

Gill, M., & Muslin, H. (1976). Early interpretation of transference. *Journal of the American Psychoanalytic Association 24*, 779-794.

Glover, E. (1955). *The Technique of Psychoanalysis*. New York: International Universities Press.

Goldberg, A. (1985). The definition and role of interpretation. In *Progress in Self Psychology* (Vol. 1). ed. A. Goldberg (pp. 62-68). New York: Guilford.

Goldin, V. (1985). Problems of technique. In *Treating the Oedipal Patient in Brief Psychotherapy,* ed. A. Horner (pp. 55-74). Northvale, NJ: Jason Aronson.

Goldstein, W. (1991). Clarification of projective identification. *American Journal of Psychiatry 148*, 153-161.

Gray, P. (1973). Psychoanalytic technique and the ego's capacity for viewing intrapsychic activity. *Journal of the American Psychoanalytic Association 21*, 474-495.

Greenacre, P. (1954). The role of transference. *Journal of the American Psychoanalytic Association 2*, 671-684.

Greenacre, P. (1959). Certain technical problems in the transference relationship. *Journal of the American Psychoanalytic Association 7*, 484-502.

Greenson, R. (1965). The working alliance and the transference neurosis. *Psychoanalytic Quarterly 34*, 155-181.

Greenson, R. (1967). *The Technique and Practice of Psychoanalysis*. New York: International Universities Press.

Grey, A. (1988). Sullivan's contribution to psychoanalysis. *Contemporary Psychoanalysis 24*, 548-576.

Guntrip, H. (1969). *Schizoid Phenomena, Object-Relations and the Self*. New York: International Universities Press.

Gustafson, J. (1986). *The Complex Secret of Brief Psychotherapy*. New York: Norton.

Heimann, P. (1956). Dynamics of transference interpretations. *International Journal of Psycho-Analysis 37*, 303-310.

Hoffman, I. (1983). The patient as interpreter of the analyst's experience. *Contemporary Psychoanalysis 19*, 389-422.

Hoffman, I. (1985). Merton M. Gill. In *Beyond Freud: A Study of Modern Psychoanalytic Theorists,* ed. J. Reppen (pp. 135-174). Hillsdale, NJ: Analytic Press.

Hunt, W., & Issacharoff, A. (1977). Heinrich Racker and counter transference theory. *Journal of the American Academy of Psychoanalysis 5*, 95-105.

Issacharoff, A. (1979). Barriers to knowing. In *Countertransference,* ed. L. Epstein and A. Feiner (pp. 27-43). New York: Jason Aronson.

Jung, C. G. (1933). *Modern Man in Search of a Soul.* New York: Harvest Books.

Kasin, E. (1977). Sullivan's concept of participant-observation (a symposium). *Contemporary Psychoanalysis 13*, 347-386.

Kermode, F. (1985). Freud and interpretation. *International Review of Psycho-Analysis 12*, 3-12.

Kernberg, O. (1975). *Borderline Conditions and Pathological Narcissim.* New York: Jason Aronson.

Kernberg, O. (1976). *Object-Relations Theory and Clinical Psychoanalysis.* New York: Jason Aronson.

Kernberg, O. (1982). The theory of psychoanalytic psychotherapy. In *Curative Factors in Dynamic Psychotherapy,* ed. S. Slipp (pp. 21-43). New York: McGraw-Hill.

Kernberg, O., Selzer, M., Koenigsberg, H., et al. (1989). *Psychodynamic Psychotherapy of Borderline Patients.* New York: Basic Books.

Kiesler, D. (1982). Confronting the client-therapist relationship in psychotherapy. In *Interpersonal Psychotherapy,* ed. J. Anchin and D. Kiesler (pp. 274-295). New York: Pergamon.

Kohut, H. (1971). *The Analysis of the Self.* New York: International Universities Press.

Kohut, H. (1977). *The Restoration of the Self.* New York: International Universities Press.

Kohut, H. (1984). *How Does Analysis Cure?* Chicago: University of Chicago Press.

Levy, S. (1984). *Principles of Interpretation.* New York: Jason Aronson.

Lipton, S. (1977a). Clinical observation on resistance to transference. *International Journal of Psycho-Analysis 58*, 468–472.

Lipton, S. (1977b). The advantages of Freud's technique shown in his analysis of the rat man. *International Journal of Psycho-Analysis 58*, 255–273.

Loewald, H. (1960). On the therapeutic action of psychoanalysis. *International Journal of Psycho-Analysis 41*, 16–33.

Luborsky, L., Chandler, M., Auerbach, A. H., et al. (1971). Factors influencing the outcome of psychotherapy: A review of quanititative research. *Psychological Bulletin 75*, 145–185.

Malan, D. (1963). *A Study of Brief Psychotherapy*. New York: Plenum.

Malan, D. (1976). *Frontier of Brief Psychotherapy*. New York: Plenum.

Malcolm, J. (1981). *Psychoanalysis: The Impossible Mission*. New York: Alfred Knopf.

Marmor, J. (1979). Change in psychoanalytic treatment. *Journal of the American Academy of Psychoanalysis 7*, 345–357.

McLaughlin, J. (1981). Transference, psychic reality, and counter-transference. *Psychoanalytic Quarterly 4*, 639–664.

Meadow, P. (1987). The myth of the impersonal analyst. *Modern Psychoanalysis 12*, 131–150.

Menninger, K. (1958). *Theory of Psychoanalytic Technique*. New York: Basic Books.

Orlinsky, D. E., & Howard, K. I. (1978). The relation of process to outcome in psychotherapy. In *Handbook of Psychotherapy and Behavior Change: An Empirical Analysis*, 2nd ed., S. L. Garfield & A. E. Bergin (pp. 283–329). New York: Wiley.

Ornstein, P., & Ornstein A. (1985). Clinical understanding and explaining: The empathic vantage point. In *Progress in Self Psychology* (Vol. 1). ed. A. Goldberg (pp. 43–61). New York: Guilford.

Pine, F. (1985). *Developmental Theory and Clinical Process*. New Haven: Yale University Press.

Racker, H. (1957). The meanings and uses of countertransference. *Psychoanalytic Quarterly 26*, 303–357.

Racker, H. (1968). *Transference and Countertransference*. New York:

International Universities Press.

Rank, O., & Ferenczi, S. (1925). *The Development of Psychoanalysis*. Trans. C. Newton. New York: Nervous and Mental Diseases.

Reich, W. (1933). *Character Analysis*. Trans. T. Wocfus. Rangeley, ME: Orgonics Institute Press.

Reppen, J. (1982). Merton Gill: An interview. *The Psychoanalytic Review 69*, 167–190.

Roth, S. (1987). *Psychotherapy: The Art of Wooing Nature*. Northvale, NJ: Jason Aronson.

Rycroft, C. (1966). *Psychoanalysis Observed*. London: Constable.

Sandler, J. (1976). Countertransference and role–responsiveness. *International Review of Psycho-Analysis 3*, 43–47.

Sandler, J., Dare, C., & Holder, A. (1971). Basic psychoanalytic concepts. Vol. 10: Interpretations and other interventions. *British Journal of Psychiatry 118*, 53–59.

Sandler, J., Holder, A., & Kawenoka, M., et al. (1969). Notes on some theoretical and clinical aspects of transference. *International Journal of Psycho-Analysis 50*, 633–645.

Schafer, R. (1983). *The Analytic Attitude*. New York: Basic Books.

Sederer, L., & Thorbeck, J. (1986). First do no harm: Short–term inpatient psychotherapy of the borderline patient. *Hospital and Community Psychiatry 37*, 692–697.

Semrad, E. (1980). On therapy and in therapy. In Semrad, *The Heart of a Therapist,* ed. S. Rako and H. Mazer (pp. 99–127). Northvale, NJ: Jason Aronson.

Sifneos, P. (1987). *Short–term Dynamic Psychotherapy* (2nd ed). New York: Plenum.

Singer, E. (1965). *Key Concepts in Psychotherapy*. New York: Basic Books.

Stone, L. (1961). *The Psychoanalytic Situation*. New York: International Universities Press.

Stone, L. (1967). The psychoanalytic situation and transference. *Journal of the American Psychoanalytic Association 15*, 3–58.

Stone, L. (1973). On resistance to the psychoanalytic process. *Psychoanalysis*

참고문헌

and Contemporary Science 2, 42–73.

Strachey, J. (1934). The nature of the therapeutic action of psychoanalysis. *International Journal of Psycho-Analysis 15*, 127–159.

Strupp, H. (1973). *Psychotherapy: Clinical, Research, and Theoretical Issues.* New York: Jason Aronson.

Strupp, H. (1977). A reformation of the dynamics of the therapist's contribution. In *Effective Psychotherapy: A Handbook of Research*, ed. A. Gurman and A. Razin (pp. 3–22). New York: Pergamon.

Strupp, H., & Binder, J. (1984). *Psychotherapy in a New Key.* New York: Basic Books.

Sullivan, H. S. (1947). *Conceptions of Modern Psychiatry.* New York: W. W. Norton.

Sullivan, H. S. (1953). *The Interpersonal Theory of Psychiatry.* New York: W. W. Norton.

Sullivan, H. S. (1954). *The Psychiatric Interview.* New York: W. W. Norton.

Szasz, T. (1963). The concept of transference. *International Journal of Psycho-Analysis 44*, 432–443.

Tarachow, S. (1963). *An Introduction to Psychotherapy.* New York: International Universities Press.

Tower, L. (1956). Countertransference. *Journal of the American Psychoanalytic Association 4*, 224–255.

Wachtel, P. (1977). *Psychoanalysis and Behavior Therapy.* New York: Basic Books.

Wachtel, P. (1980). Transference, schema, and assimilation: The relevance of Piaget to the psychoanalytic theory of transference. *The Annals of Psychoanalysis 8*, 59–76.

Wachtel, P. (1982a). Interpersonal learning and active intervention. In *Handbook of Interpersonal Psychotherapy,* ed. J. Anchin and D. Kiesler (pp. 46–63). New York: Pergamon.

Wachtel, P. (1982b). Vicious cycles. *Contemporary Psychoanalysis 18*, 259–272.

Wachtel, P. (1986). On the limits of therapeutic neutrality. *Contemporary Psychoanalysis 22*, 60–70.

Waelder, R. (1930). The principle of multiple function. *Psychoanalytic Quarterly*

5, 45-62.

White, M. J. (1952). Sullivan and treatment. In *The Contributions of Harry Stack Sullivan*, ed. P. Mullahy (pp. 117-150). New York: Hermitage House.

Wile, D. (1984). Kohut, Kernberg, and accusatory interpretations. *Psychotherapy* 21, 353-364.

Winnicott, D. W. (1949). Hate in the countertransference. *International Journal of Psycho-Analysis 30*, 69-74.

Winnicott, D. W. (1963). From dependence towards independence in the development of the individual. In *The Maturational Processes and the Facilitating Environment* (pp. 83-92). New York: International Universities Press.

Wolf, E. (1966). Learning theory and psychoanalysis. *British Journal of Medical Psychology 39*, 1-10.

Yalom, I. (1975). *The Theory and Practice of Group Psychotherapy*. New York: Basic Books.

Yalom, I. (1980). *Exisential Psychotherapy*. New York: Basic Books.

Yalom, I. (1986). Interpersonal learning. In *American Psychiatric Association Annual Review,* ed. A. Frances and R. Hales, *5*, 699-713. Washington, DC: American Psychiatric Press.

Young, D., & Beier, E. (1982). Being asocial in social places: Giving the client a new experience. In *Handbook of Interpersonal Psychotherapy*, ed. J. Anchin and D. Kiesler (pp. 262-273). New York: Pergamon.

Zetzel, E. (1956). The concept of transference. In *The Capacity for Emotional Growth* (pp. 168-181). New York: International Universities Press, 1970.

Zetzel, E., & Meissner, W. (1973). *Basic Concepts of Psychoanalytic Psychiatry*. New York: Basic Books.

찾아보기

내 용

저자 소개

• **Gregory P. Bauer**

오클라호마 주립대학교에서 임상심리학 전공으로 박사학위를 받았다. 텍사스 대학교에서 인턴십과 박사후 훈련 과정을 수료하였으며, 위스콘신 대학교 상담센터에서 심리학자(Distinguished Psychologist)로 일하였다. *Brief Therapy: Short Term psychodynamic Intervention, Wit and Wisdom in Dynamic Psychotherapy*와 *Essential papers in Transference Analysis*의 편저자이기도 하다.

역자 소개

• **정남운**

서울대학교 심리학과를 졸업하고 동 대학원에서 상담심리학 전공으로 박사학위를 받았다. 현재 가톨릭대학교 심리학과 부교수이며 대상관계이론, 상담사례지도 등의 과목을 가르치고 있다. 『상담심리학의 기초』(학지사)의 공저자이며 다수의 논문을 발표하였다.

지금-여기에서의 전이 분석
The Analysis of the Transference in the Here and Now

2007년 1월 20일 1판 1쇄 발행
2023년 3월 20일 1판 7쇄 발행

지은이 • Gregory P. Bauer
옮긴이 • 정 남 운
펴낸이 • 김 진 환
펴낸곳 • (주) **학지사**

04031 서울특별시 마포구 양화로 15길 20 마인드월드빌딩 5층

대표전화 • 02) 330-5114   팩스 • 02) 324-2345

등록번호 • 제313-2006-000265호

홈페이지 • http://www.hakjisa.co.kr
페이스북 • https://www.facebook.com/hakjisabook

ISBN 978-89-5891-393-1 03180

정가 **13,000원**

출판미디어기업 **학지사**

간호보건의학출판 **학지사메디컬** www.hakjisamd.co.kr
심리검사연구소 **인싸이트** www.inpsyt.co.kr
학술논문서비스 **뉴논문** www.newnonmun.com
원격교육연수원 **카운피아** www.counpia.com